职业教育·城市轨道交通类专业教材

中低速磁浮交通概论

程钢 周晓明 主编
张劲夫 黄海涛 周飞 副主编
钟可 陈彬 主审

人民交通出版社股份有限公司
北京

内容提要

本书为职业教育城市轨道交通类专业教材。全书共分为10个模块，主要内容包括：磁浮交通发展史概述、中低速磁浮交通线路系统、中低速磁浮交通车站、中低速磁浮交通车辆系统、中低速磁浮交通信号与通信系统、中低速磁浮交通供电系统、中低速磁浮交通机电系统、中低速磁浮交通运营工作概述、中低速磁浮交通安全管理、中低速磁浮交通应急管理。

本书按照职业教育产教融合的基本要求，以"必需、够用"的原则选择中低速磁浮运营管理知识和技能点，按不同工种部门和岗位对教学内容进行重构，概述性地介绍了中低速磁浮交通主要系统和运营管理等方面的基础知识。

本书可作为职业院校城市轨道交通运营管理专业（磁浮方向）教材，也可作为中低速磁浮交通行业的岗位培训用书，还可供从事中低速磁浮交通运营管理的专业技术人员参考。

* 本书配套 PPT 课件等丰富教学资源，任课教师可加入职教轨道教学研讨群（QQ 群：129327355）获取相关资料。

图书在版编目（CIP）数据

中低速磁浮交通概论/程钢，周晓明主编. —北京：人民交通出版社股份有限公司，2023.1
ISBN 978-7-114-18364-5

Ⅰ.①中… Ⅱ.①程… ②周… Ⅲ.①磁浮铁路—交通系统—教材 Ⅳ.①U237

中国版本图书馆 CIP 数据核字（2022）第 224497 号

Zhongdisu Cifu Jiaotong Gailun
书　　名：中低速磁浮交通概论
著　作　者：程　钢　周晓明
责任编辑：杨　思
责任校对：赵媛媛　魏佳宁
责任印制：张　凯
出版发行：人民交通出版社股份有限公司
地　　址：（100011）北京市朝阳区安定门外外馆斜街 3 号
网　　址：http://www.ccpcl.com.cn
销售电话：（010）59757973
总　经　销：人民交通出版社股份有限公司发行部
经　　销：各地新华书店
印　　刷：北京虎彩文化传播有限公司
开　　本：787×1092　1/16
印　　张：13.125
字　　数：300 千
版　　次：2023 年 1 月　第 1 版
印　　次：2023 年 6 月　第 2 次印刷
书　　号：ISBN 978-7-114-18364-5
定　　价：42.00 元

（有印刷、装订质量问题的图书，由本公司负责调换）

序

城市轨道交通作为城市重大公益性交通基础设施,与传统城市客运交通模式相比,具有运能大、速度快、安全准点、节能环保等优势,已经成为国内外城市交通发展的一大趋势。磁浮交通作为新型的轨道交通制式,与其他同运能轨道交通制式相比,无论是在低噪声、低辐射、低振动、低能耗、低排放等技术先进性方面,还是在安全、舒适、经济等乘坐体验性方面,都具有极强的竞争力。磁浮交通主要包括中低速磁浮交通、高速磁浮交通和超高速磁浮交通,它不仅适用于城市内部交通枢纽间的短距离快速连接,而且适用于相距数十公里至数百公里的中心城市与周边城市之间的中长距离快速交通联系,还适用于相距数百千米至一千多千米的交通枢纽间的远距离、大运量高速客运交通。同时,基于技术、成本等方面的优势,磁浮交通可作为构建"空铁联运"一体化网络、打造综合交通枢纽的重要配套工程,有助于加快干线铁路(高铁、普铁)、城际铁路、市域(郊)铁路、城市轨道交通"四网融合"一体化系统发展,构建网络化、现代化的交通枢纽城市。

长沙磁浮快线是湖南省首台(套)重点工程,也是践行"一带一路"倡议的重点项目,自2016年5月6日开通试运营以来,安全运营有效确保、服务质量稳步提升、科研技术不断强化、专业人才充分培养,积极参与了多项国家及省级重大科研专项,参与编制了20余项中低速磁浮交通行业、地方及企业标准规范,其中《湖南省中低速磁浮交通设计标准》和《湖南省中低速磁浮交通工程质量验收标准》获批成为湖南省工程建设推荐性地方标准,于2018年3月1日起在全省范围内实施。同时,湖南磁浮交通发展股份有限公司具有与高校、生产企业和科研机构在"产、学、研"深度融合等方面的丰富经验和广阔平台,此次与湖南铁路科技职业技术学院的校企合作,旨在推进产业专业人才培养,也是推进职业教育快速发展、完善高技能人才培养方式的重要举措,对助力轨道交通事业及职业教育事业高质量发展具有建设性意义。

本套教材主要论述了中低速磁浮交通的运营组织、行车指挥、设备配置和生产运作的程序与基础概念,以及磁浮交通系统组成的基础知识,对磁浮交通设备系统在各种运作状态下的运营模式、维修模式和安全管理模式作了介绍。同时,教材将对专业人才培养起到良好的现实教学作用,有助于加深在校学生及社会各界对磁浮交通制式及运作管理的了解。随着磁浮交通的不断发展和磁浮交通技术的日新月异,本套教材有待于从广度和深度上进一步完善,希望广大同行及科研院校多提宝贵意见建议,我们将充分学习借鉴,及时对本套教材进行修订,使其既符合现实需要,又顺应发展潮流,力争为科技强国、交通强国做出更大贡献。

2022年,是湖南省大力践行"三高四新"战略的重要一年。借此机会,谨向为磁浮交通事业发展不懈努力、作出贡献的专家、学者、科研技术人员、产业从业人员,以及为本套教材编写出版付出辛勤劳动的全体人员致以诚挚谢意!

2022年10月

前　言

【编写背景】

目前,磁浮交通技术在世界各国受到越来越多的关注,磁浮交通按照技术发展阶段分为中低速磁浮交通、高速磁浮交通和超高速磁浮交通。目前我国已经完全掌握了全系统磁浮技术,并开始商业化运营。湖南铁路科技职业技术学院联合湖南磁浮交通发展股份有限公司出版了这本教材,聚焦运行速度为100~140km/h的中低速磁浮交通的基础知识,以促进就业和适应产业发展需求为导向,着力培养高素质劳动者和技能人才。

【编写理念】

本教材旨在将中低速磁浮交通的基础知识传授给学生,内容涉及:磁浮系统(线路、轨道、车站、列车、供电、信号、通信、售检票、环境与设备监控、给排水、防灾与救援系统等);主要工种和工作岗位(从事磁浮列车驾驶的列车司机,从事磁浮交通行车调度指挥的调度员,从事车站服务工作和票务组织工作的客运值班员,从事车站行车作业监控和组织的行车值班员等)。各工种、岗位按照全线一盘棋的管理理念开展联劳协作,共同谱写磁浮运营生产**"全心全意为人民"**的安全、高效篇章。

【教材特色】

本教材按照职业教育**产教融合**的基本要求,面向中高职城市轨道交通运营管理专业(磁浮方向)学生和磁浮交通企业一线员工,借助校企产教融合平台,采取**校企联合**开发教材的形式,以"必需、够用"原则遴选中低速磁浮运营管理知识和技能点,实现**专业与职业岗位对接、课程内容与职业标准对接、教学过程与生产过程对接、学历证书与职业资格证书对接、职业教育与终身学习对接**。

教材对接城市轨道交通站务职业技能等级证书的培训和考核规范,根据模块化教学要求,按照岗位工作过程和职业教育的教学规律与认知规律,遵循从简单到复杂,从底层到高层的职业发展规律,对教学内容按磁浮不同工种部门和岗位进行重构。教材的开发旨在助推职业教育人才培养适应性改革,适应课证融通的教学要求,更好地推动产业人才培养质量,有助于培养磁浮行业**能工巧匠**和**大国工匠**等高素质技术技能人才。

教材结合学科专业特点,培养学生胸怀祖国、服务人民的爱国精神,勇攀高峰、敢为人先的创新精神,追求真理、严谨治学的求实精神,引导学生认识创新在我国现代化建设全局中的核心地位,理解科技作为国家发展战略支撑的重大意义,自觉把科技自立自强信念融入人生追求。

教材的编写力争做到科学合理、梯度明晰,图、文、表并茂,生动活泼,形式新颖。名称、名词、术语等符合国家有关城市轨道交通行业、磁浮行业的技术质量标准和规范。

【编写组织】

本书由湖南铁路科技职业技术学院程钢、湖南磁浮交通发展股份有限公司周晓明任主编。湖南磁浮交通发展股份有限公司张劲夫、黄海涛,清远磁浮交通有限公司周飞任副主编。湖南磁浮交通发展股份有限公司钟可、湖南铁路科技职业技术学院陈彬任主审。湖南铁路科技职业技术学院程钢和湖南磁浮交通发展股份有限公司潘百舸负责全书框架、编写思路的设计以及全书的统稿工作。

具体编写分工如下:湖南铁路科技职业技术学院程钢、湖南磁浮交通发展股份有限公司黄海涛、彭经国、张宝华、郭乐阳编写模块1;湖南铁路科技职业技术学院唐杲、湖南磁浮交通发展股份有限公司刘里、冯国栋编写模块2;湖南铁路科技职业技术学院杨开放,湖南磁浮交通发展股份有限公司周舟、叶朋编写模块3;湖南铁路科技职业技术学院廖友军、陈华,湖南磁浮交通发展股份有限公司乔林真、唐飞、李朋编写模块4;湖南铁路科技职业技术学院王芹芹、湖南磁浮交通发展股份有限公司贺木华、罗有建编写模块5;湖南铁路科技职业技术学院杨开放、湖南磁浮交通发展股份有限公司欧阳虹、涂振华、邹同友编写模块6;湖南铁路科技职业技术学院程钢、李益佳,湖南磁浮交通发展股份有限公司陈邵阳、谢余良编写模块7;湖南铁路科技职业技术学院王慧晶、刘海红,湖南磁浮交通发展股份有限公司何小俊、孙晓军编写模块8;湖南铁路科技职业技术学院程钢、李红芳,湖南磁浮交通发展股份有限公司王志刚、赵继承编写模块9、模块10。

【致谢】

磁浮交通的发展是一个永无止境、不断完善的过程,还有很多新技术、新设备随着实践的发展在不断更新,需要做更深入的研究和总结。本书编写团队在编写的过程中得到了磁浮领域很多专家、学者的指导和帮助,由于学识有限、经验欠缺,书中不妥之处在所难免,恳请各位专家、同行、读者批评指正,以不断提高本书水平。

编　者

2022 年 10 月

目 录

模块 1 磁浮交通发展史概述 ········· 001
    单元 1.1 交通发展概述 ········· 002
    单元 1.2 我国磁浮交通发展概述 ········· 004
    ◇ 教学做一体化训练 ········· 010

模块 2 中低速磁浮交通线路系统 ········· 011
    单元 2.1 中低速磁浮交通线路 ········· 012
    单元 2.2 中低速磁浮交通轨道 ········· 021
    单元 2.3 中低速磁浮交通道岔 ········· 032
    单元 2.4 中低速磁浮交通轨道附属设备 ········· 037
    ◇ 教学做一体化训练 ········· 040

模块 3 中低速磁浮交通车站 ········· 043
    单元 3.1 中低速磁浮交通车站概述 ········· 044
    单元 3.2 中低速磁浮交通车站行车设备 ········· 051
    ◇ 教学做一体化训练 ········· 057

模块 4 中低速磁浮交通车辆系统 ········· 059
    单元 4.1 中低速磁浮列车 ········· 060
    单元 4.2 中低速磁浮车辆车体 ········· 064
    单元 4.3 中低速磁浮列车车门系统 ········· 068
    单元 4.4 中低速磁浮车辆悬浮系统 ········· 070
    单元 4.5 中低速磁浮车辆悬浮架 ········· 075
    单元 4.6 中低速磁浮车辆车端连接装置 ········· 079
    单元 4.7 中低速磁浮列车牵引系统 ········· 085
    单元 4.8 中低速磁浮列车制动系统 ········· 088
    ◇ 教学做一体化训练 ········· 092

模块 5　中低速磁浮交通信号与通信系统 ……………………………………… 095
　　单元 5.1　中低速磁浮交通信号系统基本技术 ……………………………… 096
　　单元 5.2　列车自动监控子系统 ……………………………………………… 100
　　单元 5.3　列车自动防护子系统 ……………………………………………… 105
　　单元 5.4　列车自动驾驶子系统 ……………………………………………… 108
　　单元 5.5　计算机联锁子系统 ………………………………………………… 111
　　单元 5.6　信号维护监测子系统 ……………………………………………… 114
　　单元 5.7　中低速磁浮交通通信系统 ………………………………………… 117
　　◆ 教学做一体化训练 …………………………………………………………… 120

模块 6　中低速磁浮交通供电系统 ……………………………………………… 123
　　单元 6.1　中低速磁浮交通供电系统构成及供电方式 ……………………… 124
　　单元 6.2　中低速磁浮交通牵引供电系统主接线构成
　　　　　　　及运行方式 ……………………………………………………… 126
　　单元 6.3　中低速磁浮交通接触轨系统 ……………………………………… 129
　　单元 6.4　磁浮交通电力监控系统与供电系统控制方式 …………………… 133
　　◆ 教学做一体化训练 …………………………………………………………… 135

模块 7　中低速磁浮交通机电系统 ……………………………………………… 141
　　单元 7.1　通风空调系统 ……………………………………………………… 142
　　单元 7.2　给排水及消防系统 ………………………………………………… 146
　　单元 7.3　电扶梯系统 ………………………………………………………… 149
　　◆ 教学做一体化训练 …………………………………………………………… 151

模块 8　中低速磁浮交通运营工作概述 ……………………………………… 153
　　单元 8.1　中低速磁浮交通行车组织工作 …………………………………… 154
　　单元 8.2　中低速磁浮交通调度指挥工作 …………………………………… 161
　　单元 8.3　磁浮交通客运组织与服务工作 …………………………………… 165
　　单元 8.4　磁浮交通票务管理工作 …………………………………………… 170
　　◆ 教学做一体化训练 …………………………………………………………… 177

模块 9　中低速磁浮交通安全管理 …………………………………… 179
　　单元 9.1　中低速磁浮交通安全管理工作 …………………………… 180
　　单元 9.2　中低速磁浮交通安全风险管控 …………………………… 184
　　◆ 教学做一体化训练 ………………………………………………… 188

模块 10　中低速磁浮交通应急管理 ………………………………… 189
　　单元 10.1　中低速磁浮交通突发事件及应急救援 ………………… 190
　　单元 10.2　中低速磁浮交通应急预案及培训演练 ………………… 193
　　◆ 教学做一体化训练 ………………………………………………… 198

附录　中低速磁浮交通专业术语中英文对照表 …………………… 199

参考文献 ……………………………………………………………… 200

模块 1 磁浮交通发展史概述

中低速磁浮交通概论

模块描述

通过对本模块的学习，并结合线上线下自主学习，可了解磁浮交通的历史和现状，理解磁浮交通相比传统轮轨交通的异同点，了解我国磁浮交通技术发展的现状，从而对磁浮交通有一个整体初步的认知。

知识目标

1. 了解交通发展的简要历史进程。
2. 了解我国磁浮交通发展的历史和现状。

技能目标

1. 能说出磁浮技术的基本原理。
2. 能简述磁浮交通发展史。
3. 能简述我国磁浮列车发展史。

思政目标

1. 激发学生对磁浮交通行业的热爱。
2. 培养学生投身磁浮交通行业的信心。

建议学时

2课时

交通发展概述 1.1

交通,在《辞海》中有多种释义,如彼此相通,各种运输和邮电通信的总称。这两个释义概括了交通行业的本质特征。交通是商品交换的先决条件,是人类社会联系和社会关系等实践活动的直接产物。传统的现代化交通方式有铁路、公路、水路、航空和管道五种,其中并没有明确涵盖磁浮交通。参考中华人民共和国住房和城乡建设部2017年5月18日发布的行业标准《中低速磁浮交通设计规范》(CJJ/T 262—2017)中关于中低速磁浮车辆的定义,中低速磁浮车辆是指采用常导电磁悬浮技术实现悬浮导向,通过直线感应电机实现牵引和电制动的轨道交通车辆。其最高运行速度不超过120km/h,对于超过120km/h的线路,可参照该规范执行。参考中华人民共和国住房和城乡建设部2021年6月30日发布的行业标准《高速磁浮交通设计标准》(CJJ/T 310—2021)中关于高速磁浮交通的定义,高速磁浮交通是指采用常导电磁悬浮,长定子直线同步电机牵引驱动,定子设在轨道上,运行速度不超过500km/h的磁浮交通工程。

有史以来,在人类所有的创造物中,轮子无疑是非常简单的机械,但它却包含了深奥的物理学原理,在交通运输中发挥了重要的作用。从物理学角度来说,轮子之所以运行得比较省力,在于轮子的圆心到它的周边是等距的(不考虑车轮不圆度因素),如果轮子的圆心保持不变,那么无论轮子处于何种状态,都不需要额外的动力去克服地球引力。由于轮子采用滚动摩擦的方式,相比滑动摩擦而言,摩擦系数大大降低,极大抵消了地球引力所带来的移动阻力,使得人们可以借助轮轴结构搬运重物,以加快移动速度。但在蒸汽机发明以前,人类的运输大多只能依靠人力或畜力,车轮的出现几乎改变了人类用双脚认知世界的历史,实现了人类运输从移动到滚动的飞跃。轮子之所以是人类文明非常伟大的发明之一,就在于只要有足够的动力,轮子就能提供尽可能快的速度。轮子的发明使得人类拥有超越绝大多数陆地动物运动速度的可能性,轮子成为速度和效率的象征。火车采用轮轨接触运输的方式,依靠轮轨间的摩擦关系来实现钢轨对列车的支承、导向和制动功能。

随着科技的进步,轮轨列车的速度越来越快,对运输的线路条件提出了更高要求。如果说轮子使人的运载重量增加了的话,那么火车则将运载量和速度同时提高了数倍,在此基础上,对客运列车运行平稳性和舒适度的研究成为客运列车发展的主要研究方向。车辆运行依赖的基础设备设施是道路,根据牛顿的运动理论,完美的道路从理论上讲应该具有光滑、水平、坚硬、笔直几个条件。如果能够在两地之间建一条绝对光滑、绝对水平、绝对坚硬、绝对笔直的线路,那么只要提供克服空气阻力所需要的牵引力,列车就能从一端匀速、平滑地移动到另一端。磁浮交通就是按照这样的理论设计出来的近乎理想的轨道交通系统。磁浮列车利用悬浮技术能有效解决轮轨摩擦、磨损、撞击、脱轨、爬坡能力和噪声干扰等问题,可以使列车跑得更快更稳、运行成本更低、控车能力更强。

在悬浮技术方面,目前比较成熟的是磁悬浮技术。磁浮列车就是采用磁悬浮技术,通过电磁力的作用,使列车车体在磁浮轨道上实现悬浮、约束、驱动和制动的,这是一种由无接触的磁力支承、磁力导向和线性驱动等系统组成的新型轨道交通工具。根据同性相斥、异性相吸的原理,磁浮列车分为超导排斥型磁浮列车、常导电磁吸力型高速磁浮列车和常导电磁吸力型中低速磁浮列车。磁浮交通作为一种快捷、方便、环保、舒适的高科技交通方式,是"智能交通"的重要组成部分。以长沙磁浮快线为代表的商业运营类的磁浮交通,正逐步进入我国大众的生活,成为现代化轨道交通综合谱系中的一种全新制式。

我国磁浮交通发展概述 1.2

1. 国内磁浮交通研究发展概述

从 20 世纪 80 年代开始,我国一些大学和研究机构开展了磁浮列车的技术基础性研究工作,较早的参研单位有国防科技大学、西南交通大学、同济大学、中国科学院电工研究所和中国铁道科学研究院集团有限公司等。2016 年 5 月,我国自主研发的具有完全自主知识产权的长沙磁浮快线开通试运营,截至 2022 年,已经安全运营 6 周年。这表明,我国在磁浮交通工程技术的国产原创化进程中,通过自主创新取得了全球领先的技术成果。2019 年 9 月,国务院印发的《交通强国建设纲要》提出:"合理统筹安排时速 600 公里级高速磁悬浮系统。"2021 年,中车唐山机车车辆有限公司的两款新产品集中亮相,包括第七代新型无线供电制式磁浮交通车(图 1-1)和新型时速 200km 磁浮列车。其中,第七代时速 200km 磁浮列车采用"永磁同步中间驱动 + F 型导轨永磁电磁悬浮"技术,是中低速磁浮技术和高速磁浮技术的融合,实现多项关键技术突破。2021 年 4 月应用于 600km/h 的高速磁浮交通道岔在中铁宝桥集团有限公司成功下线(图 1-2)。2021 年 7 月 20 日,由中国中车组织,中车四方车辆有限公司牵头,联合科研院所和轨道交通企业研发的时速 600km 高速磁浮列车在中车青岛四方机车车辆股份有限公司正式下线,标志着我国掌握和具备了高速磁浮成套技术和工程化能力。

■ 图 1-1
第七代新型无线供电制式磁浮交通车

■ 图 1-2
我国首组速度 600km/h 的高速磁浮交通道岔

2. 开展磁浮交通科研的相关院校及企业

(1) 国防科技大学

国防科技大学1989年成功研制出一辆集悬浮、导向与推进于一体的小型磁浮交通模型样车。1995年,国防科技大学研制成功全尺寸单转向架磁浮列车系统、零功率悬浮控制器、低速混合磁铁单悬浮架悬浮试验系统等,其研制的永磁电磁混合悬浮的磁浮样车已经于2012年研制成功,并上线试运行30000km。2020年国防科技大学参与研制的中国首列商用磁浮交通2.0版列车在长沙磁浮快线跑出了160.7km/h的速度,刷新了短定子磁浮列车的世界纪录。

(2) 西南交通大学

1994年,西南交通大学在完全理想的试验室条件下,研制成功了国内第一辆可载人的常导低速磁浮样车;2000年研制成功了世界第一列载人高温超导磁浮列车"世纪号",随后又研制成功了载人常温常导磁浮样车"未来号"。西南交通大学从1998年开始,在成都青城山建设了中低速磁浮列车工程试验线,研制的中低速磁浮列车于2001年由中车长春轨道客车股份有限公司生产,2006年开始在青城山试验线上试运行。

(3) 中车青岛四方机车车辆股份有限公司(简称中车四方股份公司)

2021年7月20日,由中国中车承担研制,具有完全自主知识产权的我国速度600km/h高速磁浮交通工程化样车(图1-3)在中车四方股份公司成功下线。速度600km/h的高速磁浮交通是当前可实现的速度最快的地面交通工具,填补了航空和轮轨高铁之间的速度空白,可以丰富我国交通运输速度谱系,提高轨道交通科技自主创新能力,保持我国高速交通领域优势,带动高端装备和战略性新兴产业升级,对于抢占科技竞争和未来发展制高点,助力实现高水平科技自立自强,加快建设交通强国、科技强国具有重要意义。按"门到门"实际旅行时间计算,速度600km/h的高速磁浮交通系统是1500km运程范围内最快捷的交通方式。磁浮列车采用"抱轨"技术,无脱轨风险。牵引供电系统布置在地面,随列车位置分段供电。实现无司机驾驶级全自动运行,系统安全防护满足安全完整性等级(SIL)4最高安全等级要求。行驶中列车不与轨道发生接触,无轮轨磨耗,维护量少,全寿命周期长,经济性好。

(4) 中车株洲电力机车有限公司

2012年,在西南交通大学的技术支持下,中车株洲电力机车有限公司投入近2亿元,在厂内建成1条约1600m长的试验线(含道岔,其中1.86m轨距,2.8m车宽),研制了1列3辆编组的中低速磁浮样车。

3. 国内磁浮交通线路

(1) 上海高速磁浮交通

2000年,上海市政府与德国磁浮交通铁路国际公司签订了合作开展上海磁浮列车项目可行性研究的协议,开始建设世界上第一条商业化运营的高速磁浮交通商业运营线(图1-4)。线路全长30km,单程行驶8min,线路全程高架敷设;设车站2座,列车采用4节或5节编组,列车为德国第八代磁浮列车(TR08)。2003年通车,2004初开始按时刻表运行,2006年正式投入商业运营,设计速度500km/h,目前分时段分别按300km/h、430km/h运行,是世界上唯一按时刻表在400km/h以上速度商业运营的高速磁浮交通线路。

a)

b)

■ 图1-3
我国具有自主知识产权的速度600km/h的高速磁浮交通工程化样车

(2)上海临港中低速磁浮交通试验线

为推进中低速磁浮交通系统在上海市城市轨道交通方面的应用,在上海市政府支持下,上海磁浮交通工程技术研究中心负责实施,联合西南交通大学等相关单位,于2007年建设了一条约1700m长的中低速磁浮交通试验线(含道岔,其中1.9m轨距,2.9m车宽,如图1-5所示),研制了一列中低速磁浮样车,其中悬浮控制系统前期由西南交通大学(2辆车)和国防科技大学(1辆)负责,后期同济大学研制了磁浮交通车辆悬浮控制系统。

■ 图 1-4
上海高速磁浮交通商业运营线

■ 图 1-5
上海临港中低速磁浮交通试验线

（3）长沙磁浮快线

长沙磁浮快线是中国国内第一条自主设计、自主制造、自主施工、自主管理的中低速磁浮交通线路(图1-6)，该线路的开通试运营标志着中国磁浮交通技术实现了从研发到应用的全覆盖，中国成为世界上少数几个掌握该项技术的国家。长沙是继上海之后，中国第二个开通磁浮交通线路的城市，长沙磁浮快线也是湖南省践行"一带一路"倡议的重点项目。长沙磁浮快线连接长沙南站和长沙黄花国际机场，线路全程高架敷设，全长约18.55km，初期设车站3座，设计速度为100km/h，采用常导电磁铁吸引悬浮和车载短定子直线感应电机牵引技术，额定悬浮高度为8mm，当列车以80km/h的速度运行时，噪声约70dB，与普通汽车行驶时的噪声相当，安静又环保。长沙磁浮快线于2014年5月开工，2015年12月试运行，2016年5月正式通车试运营，截至2022年，已安全运营6周年。2020年4月28日0点8分，由中车株洲电力机车有限公司与磁浮技术湖南省工程研究中心联合研制的中国首列商用磁浮交通2.0版列车在长沙磁浮快线跑出了160.7km/h的速度，较1.0版列车最高运行速度提升了60%，成功完成磁浮交通 2.0 版列车的最高设计速度验证,标志着世界上首个速度 160km/h 的中速磁浮交通系统技术攻关在我国获得成功。

(4)北京地铁 S1 线

北京地铁 S1 线,又称北京磁浮交通线(图 1-7),是北京首条中低速磁浮交通线路,也是中国第二条中低速磁浮交通商业运营线。线路轨距 2m,全长 10.2km,其中高架线 9953m、隧道段 283m;共设置 8 座车站,全为高架站;采用标准 B 型列车,设计最高速度 100km/h,于 2017 年 12 月 30 日开通运营。

■ 图 1-6
长沙磁浮快线

■ 图 1-7
北京地铁 S1 线

(5)清远磁浮交通旅游专线

清远磁浮交通旅游专线,2017 年开工建设,全线长 38.5km,一期工程线路长 8.014km,4 站 3 区间,2020 年 11 月 25 日签署清远市磁浮交通旅游专线工程特许经营协议,2022 年清远中低速磁浮列车(图 1-8)在中车长春轨道客车股份有限公司下线,最高运行速度 120km/h。

(6)凤凰磁浮观光快线

凤凰中低速磁浮交通文化旅游项目规划线路分三期实施,一期工程于 2019 年开工建设,一期工程全线长 9.121km,设计最高速度 100km/h。该工程已纳入湖南省"十四五"旅游规划和湖南省重点建设工程。2022 年 5 月 1 日,凤凰磁浮观光快线试运营,如图 1-9 所示。

■ 图 1-8
清远中低速磁浮列车

■ 图 1-9
凤凰磁浮观光快线

(7）新筑内嵌式中低速磁浮线路

2021年4月22日,成都市新筑路桥机械股份有限公司研制的全球首个内嵌式磁浮交通系统(图1-10)正式亮相成都国际工业博览会。2018年成都市新筑路桥机械股份有限公司全面引进、消化和吸收德国马克斯·博格内嵌式中低速磁浮交通系统技术。内嵌式中低速磁浮交通最大的优势在于轨道本身,它把悬浮和牵引的工作面都置于C型轨道梁内侧,供电柜(包括应急支承面)也被包裹于轨道梁内侧,可以从根源上提高系统的环境适应性,有效防止脱轨。此外,由于采用了混凝土预制梁技术,路轨本身就可以起到承载作用,无须在轨道层下方再增设桥梁结构,可以进一步降低基础建设成本。公司在成都新津建设了3.6km的中低速磁浮交通模拟商业运营试验线,列车最高试验运行速度为169km/h,满足市域等交通的需要。该系统无脱轨风险,无动力失效风险,加速能力、爬坡能力(100‰)、最小转弯半径(45m)等指标具有比较优势。2022年6月30日,由成都市新筑路桥机械股份有限公司研发的国产化内嵌式磁浮车辆在试验线上实现了120km/h的稳定运行,各项指标性能良好,实现了动态调试目标。

■ 图1-10
新筑内嵌式中低速磁浮列车

教学做一体化训练

知识测试

一、填空题

1. 我国第一条具有完全自主知识产权的磁浮线是_____。
2. 长沙磁浮快线的设计速度为_____。

二、简答题

1. 简述磁浮与传统轮轨式轨道交通制式的区别。

2. 简述磁浮技术的发展趋势和方向。

学中做

1. 小组分工,查阅资料,简述磁浮交通发展历史,制作PPT并进行汇报。
2. 分组讨论,案例分析,课前预习。

××年××月××日××时××分××秒左右,一列磁浮列车运行在××线正线上行方向,由于磁浮列车设备故障,停于区间上行××km××m处,等待救援。

请同学们分组讨论,对磁浮列车来说,一旦列车发生设备故障,由于没有轮对,列车救援应如何进行?

中低速磁浮交通线路系统

模块 2 中低速磁浮交通概论

模块描述

通过对本模块的学习,并结合线上线下自主学习,可解中低速磁浮交通线路的特点、轨道结构、线路种类、道岔的结构与工作原理,理解磁浮交通线路在设计、技术标准、结构组成和使用上不同于传统轮轨交通的特点。

知识目标

1. 了解和掌握中低速磁浮交通线路的特点。
2. 了解和掌握中低速磁浮交通轨道的构成。
3. 了解和掌握中低速磁浮交通道岔的结构特点和控制模式。
4. 了解中低速磁浮交通轨道附属设备的种类。
5. 了解中低速磁浮交通线路铺轨的过程。

技能目标

1. 能阐述轮轨线路和磁浮线路的区别。
2. 能判别中低速磁浮交通线路的种类。
3. 能阐述中低速磁浮交通轨道的组成及设备设施的作用。
4. 能描述中低速磁浮道岔的工作原理。

思政目标

1. 培养严谨细致的工作作风。
2. 扎实专业素养,力争科技报国。

建议学时

4课时

中低速磁浮交通线路 2.1

中低速磁浮交通线路(图2-1)是磁浮列车运行的基础,它承受磁浮列车的重力,对磁浮列车起支承作用,并对磁浮列车运行方向起导向及驱动作用,保证磁浮列车安全、平稳、舒适和不间断运行。

a)高架中低速磁浮交通线路

b)地面中低速磁浮交通线路

■ 图2-1
中低速磁浮交通线路

中低速磁浮交通线路一般由路基、桥梁、隧道和轨道组成。其中,路基、桥梁、隧道属于线下工程,轨道属于线上工程。

一、中低速磁浮交通线路设计原则

参考《中低速磁浮交通设计规范》(CJJ/T 262—2017),中低速磁浮交通线路设计有以下原则:

(1)中低速磁浮交通线路选线遵循沿线城镇现状和规划,并考虑道路、地形、地貌、工程地质及水文地质条件、地面与地下建(构)筑物和地面交通状况等情况选择线路位置及敷设方式,重视环保要求,充分利用既有或规划交通,合理进行线路总体布置。

(2)线路平面设计时应考虑方便设计及施工,车站分布应考虑沿线既有、规划的主要客流集散点和各类交通枢纽,并应与城市综合交通规划网络相协调,以利于最大限度地吸引客流、方便乘客,提高城市公共交通体系的运营服务水平,促进城市经济的发展。

(3)线路平、纵断面设计应重视线路空间曲线的平顺性,满足旅客乘坐舒适度要求。优先选择较大的曲线半径线路,纵断面尽可能设计成"高站位、低区间"的节能坡形式。

（4）高架线以满足道路净空并结合景观综合确定其高度。

（5）辅助线的分布及形式应满足列车合理运行及折返能力的需求。

二、中低速磁浮交通线路的平面与纵断面

1. 线路的平面

线路的平面由直线、圆曲线以及连接直线与圆曲线的缓和曲线组成。

线路平面曲线半径应根据线路性质、行车速度、工程难易程度，并结合周边环境因地制宜地合理选用。由于车体悬浮在轨道上行驶，与轨道不接触，故不存在轮轨摩擦阻力，与地面轮轨交通体系（如高速铁路）相比，在同样运行速度下相应的线路设计参数限值可以放宽。参考《中低速磁浮交通设计规范》（CJJ/T 262—2017），正线线路最小曲线半径一般情况下为150m，困难情况下为100m，有利于线路设计因地制宜，灵活选线。

常导型磁浮交通线路平面曲线半径规定见表2-1。

常导型磁浮交通线路平面曲线半径规定（m）　　　　表2-1

线　　　路	一般情况	困难情况
正线	150	100
辅助线	100	75
车场线	75	50

线路平面圆曲线与直线之间应根据曲线半径、横坡设置及设计速度等因素设置缓和曲线，缓和曲线线型宜采用三次抛物线型。

道岔后的连接曲线半径不得小于道岔导曲线半径，并不设缓和曲线。

正线及辅助线上圆曲线最小长度、两相邻曲线之间的夹直线长度应不短于30~45m。双线线间距不变的并行地段的平面曲线宜设计为同心圆。线路不宜采用复曲线。

车站站台计算长度段的线路宜设在直线上。需设在曲线上时，其曲线半径不宜小于600m。

2. 线路的纵断面

磁浮交通线路的纵断面由平道、坡道及设于变坡点处的竖曲线组成。

纵断面最小坡段长度应不小于远期列车编组长度，并应保证列车通过竖曲线产生的振动不叠加，两相邻竖曲线间的最小夹坡段长度不短于30~45m。

两相邻坡段的坡度代数差大于或等于2‰时，应设圆曲线型的竖曲线连接，最小竖曲线半径的规定见表2-2，且竖曲线长度不应小于25m。车站站台计算长度内和道岔范围内不得设置竖曲线，竖曲线离开道岔端部的距离不应小于6m。

最小竖曲线半径(m)　　　　　表2-2

线　　　路	最小竖曲线半径
正线	2000
辅助线	1000

竖曲线与平面缓和曲线不宜重叠设置,它们之间的距离不小于30m。

区间正线、联络线和车场出入线的最大坡度不宜大于60‰,困难条件下不得大于70‰(均不计各种坡度折减)。车场线的最大坡度:库外线应不大于3‰,库内线应为平坡。

隧道内和路堑地段的正线最小坡度不宜小于3‰,困难条件下可采用2‰。

地下车站站台计算长度段线路坡度宜采用2‰。

地面和高架桥上的车站站台计算长度段线路宜设在平坡上,需设置在坡道上时,其坡度应不大于3‰。

折返线和停车线宜布置在平坡道上,困难情况下可设在面向车挡不大于10‰的坡道上。

车站站台计算长度段线路应设在一个坡道上。有条件时车站宜布置在纵断面的凸形部位上,并设置合理的进、出站节能坡。

道岔宜设置在平坡上,需设置在坡道上时,坡度不得大于3‰。

例如,长沙磁浮快线平纵断面技术标准:线路平面曲线最小半径区间正线为100m;线路纵断面最大坡度区间正线为41‰;采用3辆编组的中低速磁浮列车。

三、中低速磁浮交通线路的种类

中低速磁浮交通线路按其在运营中的作用分为正线、辅助线、车辆段线等。

1. 正线

正线是指进行运营服务,连接车站并贯穿或直股伸入车站的线路,由站内线路和区间线路组成,如图2-2所示。

中低速磁浮交通正线为双线,规定运行线的上下行运行方向,列车运行按双线单向右侧行车。

2. 辅助线

辅助线是指为保证正线正常运营、合理调度列车而配置的线路,包括折返线、渡线、联络线、出入段线、安全线、存车线等。

(1)折返线:指为运营列车或工程车往返运行时转线而设置的线路。

尽端式折返线有效长度宜为远期列车编组长度加40m,如图2-3所示。尽端式存车线的有效长度宜为远期列车编组长度加24m;贯通式存车线的有效长度宜为远期列车编组长度加6m。

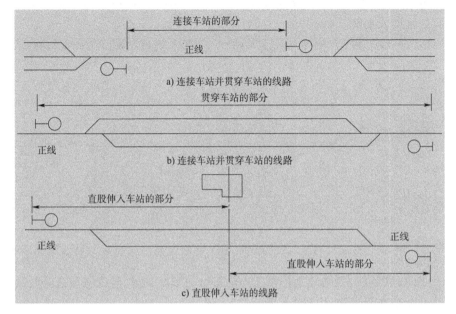

图 2-2 中低速磁浮交通正线示意图

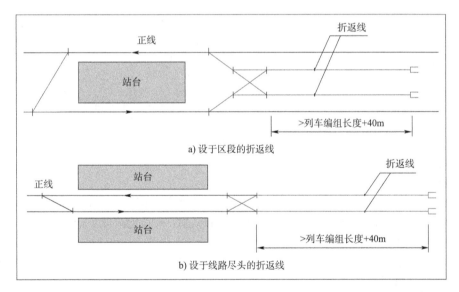

图 2-3 折返线示意图

想一想

折返线能否作为临时停放故障列车的停车线使用？

（2）渡线：平行股道的连接岔线，是用道岔将上下行线及折返线连接起来的线路，又分为单渡线和交叉渡线，如图 2-4 所示。单独设置时，用来临时折返列车,增加运营列车调度灵活性,与其他辅助线合用时,完成并增强其他辅助线功能。

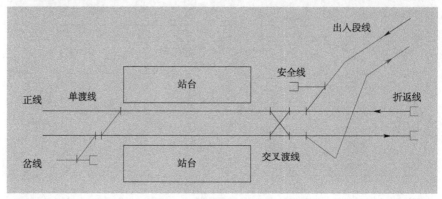

■ 图 2-4
渡线示意图

(3)联络线:联络线是把枢纽内的车站与车站、车站与线路及线路与线路衔接起来的线路,如图 2-5 所示。

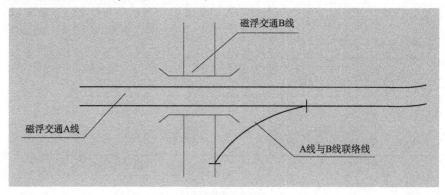

■ 图 2-5
联络线示意图

(4)出入段线:出入段线是从车辆段到商业运营正线之间的连接线。出入段线可以设计为双线或者单线,与城市道路或其他方式的交叉处可采用平交或立交,如图 2-6 所示。

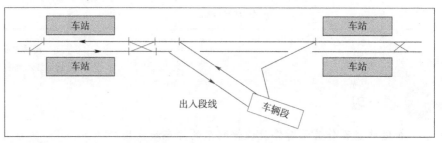

■ 图 2-6
出入段线示意图

(5) 安全线：为了防止列车冒进另一进路，发生与其他列车或机车车辆冲突而设置的一种线路设施。安全线是进路隔开设备之一，其有效长度不小于 50m，如图 2-7 所示。

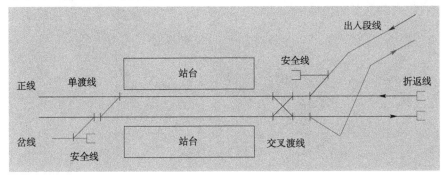

图 2-7
安全线示意图

(6) 存车线：用于列车夜间停放和车辆技术检查，如图 2-8 所示。

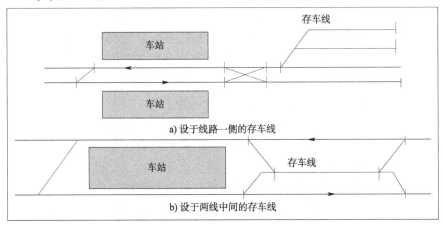

图 2-8
存车线示意图

3. 车辆段线

车辆段应具备停放车辆及检修两种功能。车辆段内的线路按其用途分为运用线和维修线，根据不同的用途设置相应的线路：停车列检线、检修线、试车线、牵出线等。如图 2-9 所示，长沙磁浮快线的车辆段线为地面线路及库内线路，库内线路共有 5 股道。1 股、2 股为检修库道，3 股、4 股、5 股为停车列检库道。

四、限界

保障城市轨道交通安全运行、限制车辆断面尺寸、限制沿线设备安装尺寸及确定建筑物结构有效净尺寸的图形及相应定位坐标参数称为限界。中低速磁浮交通限界分为车辆限界、设备限界和建筑限界。

■ 图2-9
长沙磁浮快线的车辆段线

制定限界的车辆基本参数宜根据《中低速磁浮交通车辆通用技术条件》(CJ/T 375—2011)中车辆参数确定,磁浮列车无论空、重状态,均不得超出磁浮列车车辆限界。一切建筑物、设备,在任何情况下都不得侵入磁浮交通建筑限界及设备限界。建筑限界和设备限界的间隙应满足设备管线安装要求,并不应小于200mm,局部困难地段,不得小于100mm。安装设备和设备限界之间,宜留出50mm的安全间隙。

参考《中低速磁浮交通设计规范》(CJJ/T 262—2017)中的规定,某直线段限界图如图2-10所示,图中各数字为限界控制点(部分数字未标全)。

(1) 高架区间限界

通常根据车辆设备限界及设备和管线安装空间等综合因素确定高架桥桥面总宽及管线综合布置方式。高架区间统一采用4.4m的线间距,曲线地段通过调整疏散平台的宽度满足限界加宽要求。区间两线之间设置疏散平台,平台设置间断扶手栏杆。高架区间的强弱电采用电缆支架的形式铺设在疏散平台下方两侧。

(2) 道岔区接触轨限界

道岔区接触轨限界外侧比一般地段接触轨限界宽70mm。

(3) 跨线限界要求

当有人行天桥、公路、铁路高架桥跨越本线时采用跨线限界。跨线结构最低点至本线轨道滑行顶面高度不小于4200mm,侧面与本线线路中心线距离不小于3000mm。

五、桥梁建筑

中低速磁浮交通线路结构以高架为主,如图2-11所示。如长沙磁浮快线全长约18.55km,其中桥梁长度约为17.2km;清远磁浮交通旅游专线初期线路长约9.4km,其中桥梁长度约8.568km。

高架线路的桥梁建筑主要由下部结构、上部结构、桥梁支座与附属设施构成。下部结构有桥墩、桥台、墩部基础,上部结构有桥面构造与桥跨结构,附属设施有疏散平台、检修通道、伸缩缝、桥面防排水、上下桥通道及防护栅栏等。

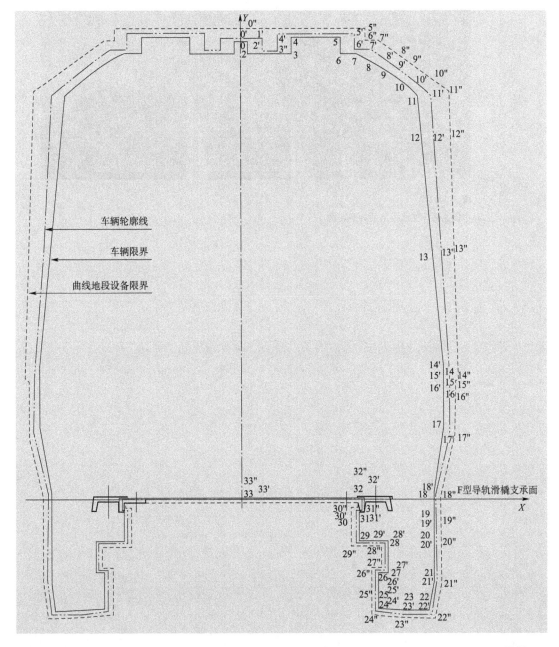

图 2-10
某直线段限界

■ 图 2-11
中低速磁浮交通线路的高架结构

中低速磁浮交通轨道 2.2

一、中低速磁浮交通轨道结构的类型及特点

磁浮列车是利用电磁力将列车悬浮于轨道之上,由直线感应电机直接驱动前进的交通工具,列车的支承、驱动、导向和制动都由电磁力实现。这种电磁力来源于悬浮电磁铁、直线感应电机和悬浮轨之间产生的电磁控制回路磁场。由悬浮轨组成的磁浮交通轨道结构既是中低速磁浮列车所有载荷的承载基体,也是悬浮力、导向力和制动力的来源。磁浮交通的轨道结构一般由上部轨排结构和轨道支承装置等组成,从而构成一个"T"型的结构形式。悬浮轨主要由F型导轨、感应板和轨枕组成。F型导轨在轨枕左右两侧各布一根,感应板则通过化学方法固定在F型导轨的上表面。对中低速常导电磁吸力悬浮系统而言,F型导轨不仅是承载的主体,也要作为悬浮和导向磁浮的响应板,这也是磁浮区别于传统轮轨铁路的重要线路特征。F型导轨的磁导轨构件与悬浮电磁铁的左右极板相对应,产生电磁吸力使得列车悬浮,车辆环抱悬浮轨运行维持车辆悬浮在轨道上 8～12mm,并且通过两个凸出部与基极板的对应关系产生导向力,感应板与悬挂于悬浮剂纵梁下方的直线感应电机的磁场产生感应,产生牵引力,从而使中低速磁浮的悬浮系统与导向系统有机统一起来。

目前比较典型的中低速磁浮交通轨道结构形式主要有三种类型:钢轨枕式轨道结构(又称 HSST 系统轨道结构)、无轨枕直连式轨道结构和整体式道床轨道结构。其中,钢轨枕式轨道结构具有制造、安装、维护方便快速的特点,在日本、韩国运营的磁浮交通线以及我国磁浮交通试验线和运营线上得到应用。

1. 钢轨枕式轨道结构

钢轨枕式轨道结构的组成部件主要包括感应板、F型导轨、H型钢轨枕、扣件系统、连接件及紧固件、伸缩接头、承轨台,横断面如图 2-12 所示。其结构的多层组合形式与传统的铁路轨道有很大的相似之处,列车载荷及振动经F型导轨、钢轨枕、支承结构及桥墩逐层传递到线路基础,它是目前国内外使用最为广泛、工程经验最为丰富的中低速磁浮交通轨道结构。

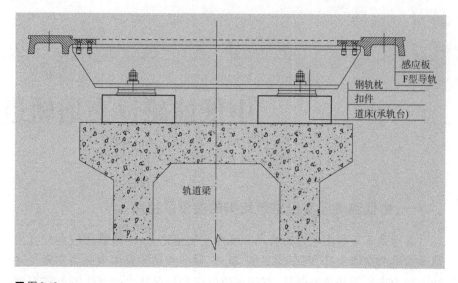

■ 图 2-12
钢轨枕式轨道结构横断面示意图

枕式轨道总体上是一个较为"开放"和"松散"的结构,可以预防雪、雨的积聚;轨道结构简单、技术成熟,有较多的实际应用经验。但这种结构存在如下几点不足:F 型导轨、轨枕、承轨台和轨道梁之间多层组合、多处连接,轨道结构整体性较差,不利于保持轨排长期的高精度和高稳定性,轨道整体故障率增加;道床为开放式结构,给线路日常维护以及紧急情况下旅客疏散带来困难;轨枕采用钢结构,车辆电磁铁与 F 型导轨之间形成的闭合磁路中的部分磁力线会经过钢质轨枕,磁力线被分散,影响车辆悬浮特性;由 F 型导轨等组成的轨排是一个整体结构,扣件设置在轨枕下部,只能以轨排为单位整体调节精度,无法实现针对每个节点处 F 型导轨面的精细化调节,无论是轨道铺架阶段或者运营维护阶段都存在这样的问题。

2. 无轨枕直连式轨道结构

无轨枕直连式轨道结构的设计应用在德国 TR 系统和中国上海高速磁浮交通,都是将轨道功能部件安装在支承梁的顶板两翼,轨道功能部件包括感应板、悬浮轨及预埋或螺栓连接的固定架结构组成,具体结构形式如图 2-13 所示。无轨枕直连式轨道结构去掉了钢轨枕,磁力线不会泄漏,提高了车辆的悬浮功率和能力,轨道梁上表面可在紧急时刻作为乘客疏散通道,左右两侧独立的轨道功能区便于实现具体节点处的轨道精度调节。但这种结构对轨道梁的设计、制造及安装要求苛刻,生产制造工艺复杂,经济性较差。

3. 整体式道床轨道结构

整体式道床轨道结构自轨道梁而上主要包括整体道床板、双块式钢筋混凝土轨枕、上承式扣件系统、F 型导轨和感应板,如图 2-14 所示。

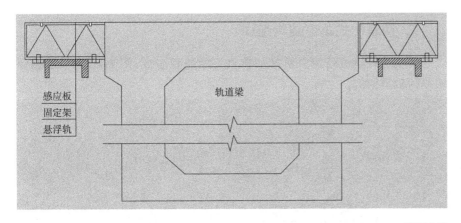

▇ 图 2-13
无轨枕直连式轨道结构横断面示意图

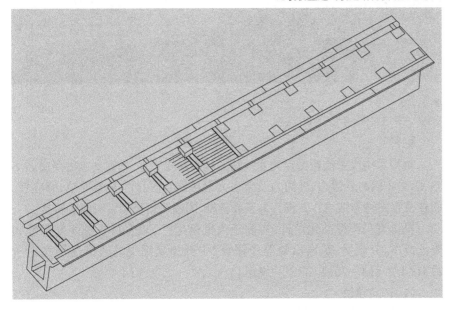

▇ 图 2-14
整体式道床轨道示意图

  整体式道床轨道结构主要有以下技术特点：轨道结构在垂向和纵横向都实现了高度整体性，刚度得到加强，改善了结构受力特性，结构稳定性好，整体道床表面简洁、平整，便于线路维护，通过采用双块式钢筋混凝土轨枕及其埋入式结构，消除了轨枕对磁力线的影响；通过在轨排与梁面之间设置混凝土整体道床作为调整层，大大降低了轨道梁的制造及安装精度要求；上承式扣件系统设置在 F 型导轨与轨枕之间，可以精确实现每个扣件节点处的空间调整，确保轨道结构的高平顺性；通过采用连续整体道床结构，在轨道梁几何设计受到环抱式限界严格约束的情况下，可有效增加单位长度梁重，提高了轨道梁的一阶固有频率，有助于抑制或减少中低速磁浮交通车轨耦合振动的发生。

二、钢轨枕式轨道结构组成

钢轨枕式轨道结构由轨排和轨道支承装置组成,图 2-15 为长沙磁浮快线的轨道结构。

■ 图 2-15
钢轨枕式轨道结构外观(长沙磁浮快线)

1. 轨排

轨排是构成中低速磁浮交通线路的基本功能单元,具有支承磁浮交通车辆、承受车辆的悬浮力、导向力及牵引力的功能。轨排由 F 型导轨、感应板、轨枕及紧固件等组成。轨排分为直线轨排、圆曲线轨排和缓和曲线轨排。

轨排宜采用标准化设计,有利于大批量生产、减少制造安装复杂性和降低成本,其质量、防腐涂装等应符合《中低速磁浮交通轨排通用技术条件》(CJ/T 413—2012)等相关规定。

(1) F 型导轨

F 型导轨(图 2-16、图 2-17)是承受中低速磁浮交通车辆悬浮力、导向力及牵引力的导磁钢轨,是轨道结构最重要的部件。除传统钢轨具有的承受和传递列车重力、导向力、牵引力与制动力的功能外,还应与车上安装的电磁铁、直线感应电机和传感器构成电磁回路,实现悬浮、导向以及牵引、制动和悬浮间隙测量的功能。

①F 型导轨形状及尺寸。

F 型导轨断面为"F"型钢结构,一般分为直线导轨,圆曲线导轨和缓和曲线导轨,由内腿、外腿、腹板和翼板组成。其断面形状主要由磁路优化设计、结构受力分析及加工安装工艺要求确定,狭长形的 F 型导轨的下表面与 U 形磁铁磁极相互作用,为磁浮列车提供悬浮力与导向力。F 型导轨轨型设计应匹配中低速磁浮交通车辆系统要求,断面尺寸应满足磁通量和结构强度要求。

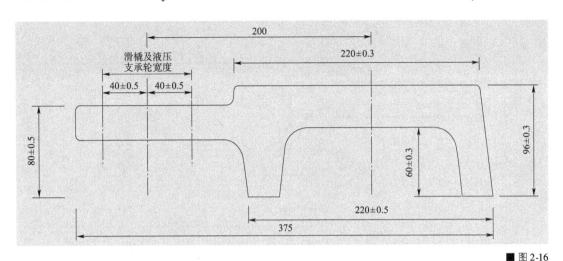

■ 图 2-16
F 型导轨横截面图(单位:mm)

■ 图 2-17
F 型导轨实物图

长沙磁浮快线采用的 F 型导轨断面尺寸及允许偏差如图 2-18 所示,F型导轨横断面宽 375mm,理论重量 126.5kg/m。

F 型导轨长度根据下部基础结构(含道岔梁)及线路平纵断面条件等因素确定。中低速磁浮交通采用有缝线路,F 型导轨接头是轨道的薄弱环节,在 F 型导轨接头处,由于轨线不连续,影响悬浮间隙传感器的工作性能,磁浮交通车辆的振动加剧,F 型导轨损伤增加,轨道病害也随之增加。因此,F 型导轨应尽可能长一些,以减少接头数量;同时,由于受预留轨缝宽度和运输的限制,F 型导轨又不宜过长。

线路配轨设计宜主要采用标准轨长,在曲线、岔区起终点以及局部地段需要调整接头位置或合拢口时,可采用个别非标准短轨。

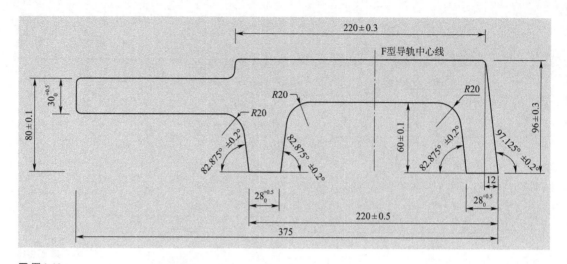

■ 图2-18
F型导轨断面尺寸及允许偏差(单位:mm)

例如,长沙磁浮快线线简支梁基本跨度25m,为了满足车辆在轨缝处的悬浮控制、悬浮运行影响要求,桥梁地段轨道采用12.5m标准长度的F型导轨及轨排,路基地段根据其轨道梁分段长度设计采用10m标准长度轨排。

②F型导轨材质。

F型导轨材质选型需考虑车辆悬浮系统要求、线路条件、运营条件、机械夹钳硬度、磨耗特性及养护维修等诸多因素。

根据车辆系统要求:F型导轨主要材料特性选择原则为电阻大、磁导率高。

根据运营线车站地段启制动频率较高以及沿线气候条件,应充分考虑其合理硬度、耐磨性和耐候性,以确保F型导轨使用寿命不小于30年。

目前,国内实际工程中采用碳素结构钢较多。

(2)感应板

感应板作为车辆牵引用直线感应电机次级的组成部分,是非磁性导电材料,安装在F型导轨的顶面,其结构、材质、安装及运行都直接影响到整个系统的技术经济指标。感应板一般为直线型。在曲线地段,可采用分段的直线感应板拟合曲线,感应板的分段长度应根据线路平曲线半径拟合选用。

感应板设计主要考虑车辆牵引系统要求及与F型导轨之间的连接强度、平整度要求。根据中低速磁浮交通车辆系统要求:感应板与F型导轨之间应有足够的连接强度。感应板宜采用铝合金板材制造,板材宜符合《一般工业用铝及铝合金挤压型材》(GB/T 6892—2015)的规定。在坡度较大等需要较大牵引力的区域根据计算可采用铜合金板材。

感应板应具有足够的屈服强度、表面精度,同时对表面进行处理,使其具有良好的抗氧化性能。例如,长沙磁浮快线统一采用铝质感应板。

(3) 轨枕

轨枕是用来连接 F 型导轨,使 F 型导轨与梁体之间保持相对位置固定并传递载荷的基础构件。对于中低速磁浮交通轨道,目前轨枕主要有 H 型轨枕和矩形轨枕两种形式,H 型轨枕一般采用耐候钢或碳素结构钢的热轧 H 型钢,矩形轨枕一般采用耐候钢或碳素结构钢的冷拔异型钢管,这两种形式各有优缺点。

①H 型轨枕及轨道结构,如图 2-19 所示。

H 型轨枕方案特点:

a. 轨枕与 F 型导轨由螺栓连接;轨枕通过扣件连接在道床上。轨排为"开放式"结构,有助于防止雨雪的积聚。

b. 结构简单,轨道结构重量相对较轻;采用规定形状尺寸的标准 H 型钢加工而成,能够确保轨枕的制造精度。

c. 技术成熟,有实际应用经验。施工工艺简单,可在工厂内与 F 型导轨连接组装成轨排,确保施工速度和轨道铺设精度要求。

■ 图 2-19
中低速磁浮交通 H 型轨枕及轨道结构

d. H 型钢是一种截面面积分配更加优化、强重比更加合理的经济断面高效型材。翼缘宽,侧向刚度大;抗弯能力强。

e. 与传统铁路轨道相比,轨枕外端相当于一个悬臂梁,受载以后会向下弯曲,导致轨枕悬伸部分发生倾斜变形。

f. 扣件安装调整比较方便,有利于轨道结构的养护维修。

②矩形轨枕及轨道结构,如图 2-20、图 2-21 所示。

■ 图 2-20
矩形轨枕

■ 图 2-21
矩形轨枕中低速磁浮交通轨道

矩形轨枕方案特点:

a. 矩形截面具有双轴对称、截面形心和剪心重合等特点;单一构件稳定性好,抗弯和抗压能力强;截面闭合,抗扭刚度大,具有良好的抗扭特性。

b. 矩形轨枕是经过试验检测优化后的新设备,使用该设备的中低速磁浮交通商业运营线——日本东部丘陵线已成功运行多年。

c.扣件安装相对复杂,不便于维修和更换。

d.价格略高。

综上所述,H型轨枕与矩形轨枕均可以满足轨道结构的使用功能要求,并且有实际应用经验,如长沙磁浮快线采用H型轨枕。

③轨枕布置。

轨枕设计应采用适当的间距及断面以保证F型导轨在工作时的强度及刚度,轨枕间的间隔距离应与轨道梁和车辆的运行要求相适应。一般线路的轨枕数量不宜少于800根/km,同时考虑其自身工作强度及刚度要求。对轨排接头处轨枕,因轨端的竖向刚度较小,影响列车运行的平稳性,减小轨排接头处及前后轨枕间距,有利于列车平稳通过轨排接缝。

以长沙磁浮快线正线为例,一般地段,轨枕间距采用1.2m,在轨排接头处的轨枕加密。

2.轨道支承装置

中低速磁浮交通的轨道支承装置包含扣件、道床、承轨梁、接头等。

(1)扣件

扣件维持轨排在空间的几何尺寸,承受来自轨排的竖向垂直力、横向水平力和纵向水平力,并传递给道床。将轨排与道床牢固连接,能保持轨排在下部基础上的正确位置,以保证轨道框架的稳定性。为减轻轨排对道床的冲击,扣件应有一定的缓冲及减振作用。

①特点。

a.适用于钢轨枕整体道床结构。

b.扣压力稳定,能保持轨排空间位置,并能提供足够的扣压力和防爬阻力。

c.具有适度的弹性。

d.轨排纵向、横向与垂向三个方向的调整能力能满足施工及维修的要求。

e.保证F型导轨具有更好的平顺性。

f.扣件结构简单,安装方便,养护维修工作量少。

②类型。

目前,国内外中低速磁浮交通轨道扣件根据结构形式和特点的不同可以分为分开式扣件和不分开式扣件,它们均属于有螺栓扣件。

a.CFⅡ型中低速磁浮交通轨道扣件(分开式扣件)。

CFⅡ型中低速磁浮交通轨道扣件主要特点:弹性分开式结构,可实现轨排横向调整;设计实现了轨道双向减振,符合中低速磁浮交通轨道系统受力特性,如图2-22所示。

图 2-22
CFII 型中低速磁浮交通轨道扣件

b. 中低速磁浮交通线路轨排扣件(不分开式扣件)。

该扣件包括弹性垫板、调高垫板、铁垫板,通过锚固螺栓依次将平垫圈、弹簧垫圈、轨排钢枕底板、弹性垫板、调高垫板、铁垫板固定于道床上,在铁垫板设调节孔,孔内插入用于铺设轨排时调整轨排几何位置的调节螺栓,如图 2-23 所示。

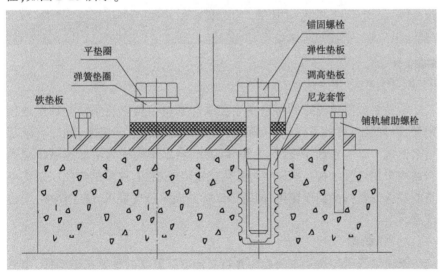

图 2-23
不分开式扣件

与铁路钢轨扣件不同,由于中低速磁浮交通扣件设置在轨枕与道床之间,轨排整体调整,一组中低速磁浮交通扣件需要具有多维调节功能才能实现和保证轨道系统的高精度。不分开式结构仅能实现纵向伸缩及调高,无法实现轨排横向调整。中低速磁浮交通试运线轨道工程设计施工实践、运行测试和养护维修状况表明,弹性分开式扣件具有结构简单、安装方便、扣压力大、调节能力强、少维护等优越性。

(2)道床

道床是轨道的基础,处于下部基础(桥梁、路基、轨道梁等)与轨枕之间,它承受由轨排及扣件传递来的各种作用力,再将其传递至下部基础。合理的道床结构形式是保持轨道结构稳定的前提,也是保证列车行车安全的关键。

目前,我国中低速磁浮交通采用较多的是承轨台式整体道床,这种结构整体性强、稳定性好,道床整洁美观,养护维修工作量小。

承轨台是位于下部轨道梁与轨枕之间的块状支承结构,采用预制或梁面二次浇筑结构的方式施工,如图 2-24 所示。

■ 图 2-24
承轨台式整体道床外观

承轨台式整体道床的特点在于在纵向承轨台与轨道梁之间预设连接钢筋,以加强二者的可靠连接,降低轨道结构高度,利于排水,同时可减轻桥梁恒载。日本东部丘陵线、上海试验线、唐山试验线等中低速磁浮交通线路均采用这种结构。承轨台可采用二次浇筑结构,这种结构的主要优点是能够保证轨排的铺设精度,同时该结构能满足强度要求、施工简便、造价低廉。

(3)承轨梁

承轨梁是承担轨道车辆载荷并将其传递至路基的重要基础构件,中低速磁浮交通车辆轨道及电气元件均安装在承轨梁上。

(4)接头

接头(图 2-25)是相邻轨排之间的连接装置。目前国内外中低速磁浮交通工程中采用的轨排接头根据接头结构及可实现伸缩量的大小,主要可分为单轨缝结构的Ⅰ型接头和双轨缝结构的Ⅱ型接头两种类型。

■ 图 2-25
轨排接头

为适应工作条件下的温度变形,轨道支承结构接缝处均设置轨缝(图 2-26),可简化轨道支承结构与轨排间的相互作用力,从而方便轨排、轨道支承结构的设计、施工及养护。在纵向阻力控制下,轨排有足够的伸缩空间,以放散温度应力,以使锁定后的轨道在钢轨达到历史最高温度时,轨缝为零而轨端不顶紧受力。当轨温降至最低时,轨缝不超过构造轨缝,符合列车平稳行驶对轨排接头结构的基本要求。

■ 图 2-26
轨排之间的伸缩缝(轨缝)

根据中低速磁浮交通车辆悬浮系统要求:轨缝宽度正常工作情况下不大于 15mm,特殊情况下不应大于 30mm;正线不得采用连续双缝结构的 Ⅱ 型接头,特殊情况下采用时两缝内边沿距离不得小于 500mm,且两缝因温度变化时应保持同步变化。

长沙磁浮快线全线一般地段均采用单轨缝结构的 Ⅰ 型接头,轨缝为 15mm,并采取有效措施增加接头阻力和道床纵向阻力,以限制 F 型导轨自由伸缩;在个别大跨度连续梁地段根据检算需要可以采用双轨缝结构的 Ⅱ 型接头(两缝间距大于 500mm)。

大跨度桥梁地段由于梁体热胀冷缩,伸缩量较大,一般轨排接头不能提供足够的伸缩量,应采用专用的伸缩调节器。

中低速磁浮交通道岔 2.3

道岔是中低速磁浮交通系统关键的行车安全设备,是磁浮交通线路与线路之间的连接设备、转辙设备。磁浮交通线路有别于传统轮轨线路,需采用专用的道岔作为线路转换设备,中低速磁浮交通道岔是中低速磁浮交通线路的换线设备,应用于磁浮交通的正线、出入段线及车辆段。

中低速磁浮交通道岔(图 2-27)由主体结构、驱动、锁定、控制、信号等部分组成。

■ 图 2-27
中低速磁浮交通道岔

按照结构组成和转辙后的线路状态分为单开道岔、三开道岔、对开道岔、单渡线道岔和交叉渡线道岔。道岔结构包括道岔设备和道岔设备平台(道岔桥)。

一、道岔设备

1. 道岔主要技术要求

(1)道岔系统控制电路应符合"故障-安全"原则;

(2)道岔控制系统及接口电路应符合现行行业标准《中低速磁浮交通

道岔系统设备技术条件》(CJ/T 412—2012)的规定;

(3)金属构件表面应进行防锈蚀处理,在寒冷地区使用的道岔应配置防冻加热设施;

(4)道岔设备的结构形式应能便于操作,并具有较好的可维护性;

(5)道岔设备的供电应采用一级负荷;

(6)道岔设备接地电阻,当采用综合接地时,电阻值不应大于1Ω;当采用分散接地时,电阻值不应大于4Ω;防雷接地电阻值不应大于10Ω;

(7)道岔应由信号系统进行控制,同时应具有集中控制、现场控制、手动控制方式,并具有系统检测、故障诊断保护和报警功能;

(8)相邻岔位的道岔转辙时间不应大于15s;

(9)道岔处于侧向状态时应限速25km/h,道岔处于直向状态时应满足列车最高行驶速度的要求。

2. 安装规定

(1)道岔设备的安装应符合限界要求;

(2)道岔应设置在坚实稳定的基础上,道岔设备在高架线路段应安装在道岔桥上,在低置线路和隧道内应安装在道岔专用的平台上;

(3)道岔桥或道岔平台上,不应设伸缩缝或沉降缝;

(4)道岔的装配偏差应符合现行行业标准《中低速磁浮交通道岔系统设备技术条件》(CJ/T 412—2012)的规定;

(5)道岔区应设置检修通道、安全隔离设施和供维修使用的电源设施;道岔区应有照明设施;

(6)道岔桥及道岔平台上的供电电缆、通信及信号电缆、道岔控制电缆等应按电压等级分别布置在电缆槽或电缆沟内;

(7)道岔区宜设视频监视设施;

(8)道岔宜靠近车站设置,道岔垛梁端部距站台计算长度端部的距离不得小于一辆车长,困难时不得小于5m;

(9)道岔应设在直线上,道岔垛梁端部距平曲线起点距离,正线不宜小于20m,车场线不宜小于5m;

(10)道岔区宜设置专用电话。

3. 道岔系统的主要结构组成及工作过程

中低速磁浮交通道岔系统是机电一体化的系统,由道岔梁、垛梁、铰轴连杆、台车、锁定装置、驱动装置、梁段之间的连接装置、走行轨道、安装于梁上翼缘的F型导轨、电气控制系统、基础及预埋件组成。

道岔由一段主动梁和两段从动梁(主梁和两段从动梁都有一个固定于地面的转动中心)通过机械关节连接而成。电气控制装置通过操纵主动梁的位置并将其锁定来调整整组道岔。

主动梁为跨中有竖向支承的双跨连续钢梁、第一和第二两段从动梁为简支钢梁，主梁和两段从动梁都有一个固定于地面的转动中心，故而得名三段定心式。

驱动装置主要由1台电机、1个曲柄滑块机构以及将电机的输出功率传递到曲柄转动中心的传动轴组成，驱动装置的作用是实现主动梁以及被动梁绕固定点的转动。

3个梁段之间的两个连接装置分别能够保证第1从动梁在主动梁的纵向、第2从动梁在第1从动梁的纵向产生滑动，而且能够保证相邻两个梁段之间产生相对转动。

整个道岔共有3个移动台车，主动梁的两端分别有1个台车，第1从动梁与第2从动梁相接的一端有1个移动台车。

在驱动装置的作用下，主动梁绕其固定中心旋转，其两端的台车1和台车2沿着走行轨道走行；第1从动梁通过上述连接装置被主动梁带动绕其固定中心旋转，并使得其末端的台车沿着走行轨道走行；同样，第2从动梁沿着其轨道走行。

为了保证道岔转辙到位后与岔后线路之间的连接精度，在道岔的活动端设置了可调节的过渡装置。道岔转辙由横移电机完成，解锁、锁闭由2个锁闭电机完成。道岔在驱动机构的作用下转辙到位后，由锁定系统可靠地锁定于地面锁销座上，只有在道岔运控系统得到两组锁销同时在同一岔位获得反馈信号时，方才认为道岔已锁定到位，此时道岔位置已确保被机械锁定。

4. 道岔控制系统

磁浮列车采用的是抱轨运行方式，道岔的安全稳定性能相对传统道岔更高，一旦错误开通进路，将导致列车坠落的重大安全事故。道岔的转辙精度、可靠性由控制系统保证。控制系统根据信号系统的指令执行转辙动作，保证道岔精确到位和可靠锁定，并将道岔当前的状态反馈给信号系统，从而保证列车的安全和正点运行。道岔设备的供电应采用一级负荷，相邻岔位的道岔转辙时间不应大于15s。

(1) 控制系统的组成

道岔控制系统是使整个道岔精确实现转辙动作的系统，主要由以下子系统组成：

①信号系统；
②驱动及手动控制柜；
③状态监测系统；
④电动转辙机；
⑤锁闭电机。

控制系统接收到信号系统发出的目标指令，经过判断后，控制驱动电路使相应的电机转动，并采集限位开关的位置信息，经过判断后，将道岔的位置信号反馈给信号系统。

驱动及手动控制柜的作用是接收信号控制或手动指令,控制相应的电机动作。

状态监测系统对道岔的控制动作进行实时监测,它有向信号系统传送监测和故障信息的接口。

电动转辙机主要作用是驱动道岔的转辙。

锁闭电机的主要作用是驱动锁闭装置的锁闭和解锁。

限位开关采集道岔的位置信号,并将其传送到信号控制系统,驱动及手动控制柜接收信号控制或手动指令,控制相应的电机动作。

道岔转辙控制过程如下:收到道岔移动指令—确认道岔当前位置—切断动力轨电源—打开所有锁销—翻起活动连接板—移动道岔到指定岔位—确认道岔当前位置—盖上活动连接板—锁闭所有锁销—恢复动力轨电源—转辙完成。

（2）道岔的控制模式

磁浮交通道岔控制系统与信号系统接口采用安全型电气接口电路,接口双方均提供无源接点、采用双断回路进行设计,控制回路电源遵循"谁使用谁提供"的原则。

信号与道岔系统接口信息包括:道岔操纵命令、道岔位置表示信息、道岔故障信息、道岔现场操作请求信息、道岔现场操作允许信息、道岔集中控制/现场控制状态信息等。

控制模式包括集中控制模式、现地控制模式、强控模式三种模式。道岔可由信号系统集中控制,也可由人工现场控制,常态为集中控制模式。

①集中控制模式:信号系统可向道岔控制系统发出指令,道岔控制系统根据信号系统发出的道岔转换操纵指令自动对道岔进行解锁、转辙锁紧,确认道岔转动到位后,生成位置表示信息并传给信号系统。

②现地控制模式:需要现场控制道岔时,可由现场人工操作,并经道岔控制系统向信号系统发出请求,信号系统同意后,在道岔控制柜上人工转动开关到现场控制挡位,即可将控制模式转为现场控制模式。此模式下,可在现场人工操作道岔控制柜进行道岔位置转换,使道岔自动进行解锁、转辙、锁闭（连续或单动）,确认道岔转动到位后,生成位置表示信息并传给信号系统。

在系统失电或电路故障无法电操的紧急情况下,现场工作人员也可以对电机进行人工解除制动,并在电机尾部插上摇把,进行人工摇动道岔的操作。

③强控模式:为特殊情况使用的模式,转到强控模式需要用钥匙开关进行操作。

二、道岔设备平台(道岔桥)

道岔设备平台一般为混凝土桥梁结构,它主要为道岔及附属设备的安装、调试、运行、维护提供一个安全、稳定、牢固的基础和界面。

道岔设备平台的主要技术要求如下:

(1)道岔桥需承受自身重量,同时要承担道岔及相关设备的恒载以及车辆经道岔传递下来的活载。

(2)道岔桥应在道岔全长范围内采用连续结构,中间不能设伸缩缝。

(3)道岔桥面宽度需满足行车的净空限界要求,同时应为设备安装、缆线敷设及道岔检修留下足够的工作空间。

(4)为满足安全行车、乘客乘坐舒适度及道岔转辙的要求,道岔桥应具有较大的刚度。桥梁竖直位移差需小于$L/2500$mm(L为相邻两跨跨度之和)。

(5)道岔桥面应有良好的排水设施,以避免暴雨积水侵蚀道岔。

中低速磁浮交通轨道附属设备

2.4

中低速磁浮交通轨道附属设备主要包括车挡、线路及信号标志等。

一、车挡

车挡的主要功能是：避免列车意外失控时冲出尽头线路，防止人员伤亡及车辆和其他设施损坏。车挡的选型应根据车挡占用线路长度、撞击力、冲撞速度、撞击减速度等参数，并结合车辆类型、线路条件及信号设备等因素综合确定。

1. 正线及辅助线车挡

目前国内已运营及在建的磁浮交通线路中，正线车挡主要有3种可供选择：传统缓冲滑动车挡、长行程液压缓冲车挡及液压缓冲滑动车挡。

传统缓冲滑动车挡属摩擦制动，通过车挡制动主架下安装的制动摩擦单元与线路基本轨之间的摩擦阻力来消耗失控车辆的动能。中低速磁浮交通F型导轨与普通钢轨不同，其断面为非对称形式，可以提供的摩擦面有车辆滑橇支承面及F型导轨外腿，如在既有轨道结构上直接采用摩擦式车挡，则滑动式设计安装困难，可靠性无法保证，国内外目前尚没有针对中低速磁浮交通的缓冲滑动式车挡。

长行程液压缓冲车挡由液压缓冲油缸及撞击引导装置组成，安装液压缓冲器的钢结构件预埋在线路末端钢筋混凝土基础内。其工作原理是通过撞击引导装置将撞击动能传递给液压油缸，液压油从油缸的一腔通过阀孔排向另一腔，同时产生大量的热量，消耗失控列车的惯性动能。这种车挡的制动力可随着撞击列车能量的变化而变化，对车辆和人员安全是极好的保护。由于液压油缸等关键设备需进口，长行程液压缓冲车挡造价较高。目前一般在线路长度受到严格限制的地段或多层站厅内的尽头线路采用，现已在上海高速磁浮交通中应用。

长行程液压缓冲车挡由于与F型导轨之间不存在直接的相互作用关系，有利于保护轨道结构的稳定性，适用于中低速磁浮交通。但考虑造价问题，不宜直接采用，应对其结构进行优化，降低造价。

以长沙磁浮快线为例，正线采用新型固定式长行程（组合）液压缓冲车挡,车挡采用六根缓冲器两并三串作为吸能元件。主要技术参数:额定撞击速度为15km/h,承受额定最大水平冲击载荷为350kN,轨道安装长度为7.7m,如图2-28所示。

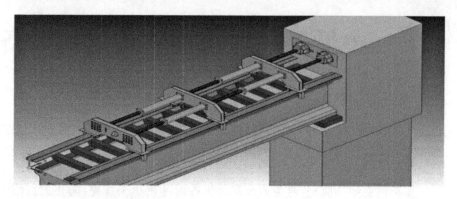

■ 图2-28
固定式长行程(组合)液压缓冲车挡结构示意图

2. 车辆段车挡

车场段内车辆速度较低,目前可供选择的车挡包括:固定式刚架车挡、固定式液压缓冲车挡和固定式弹性胶泥缓冲车挡。

(1)固定式刚架车挡一般设置在车辆段库外线路终端,固定式刚架车挡通过自身结构的变形来吸收撞击能量,制动能力有限,一旦发生撞击,极易造成车辆及车挡损坏。

(2)固定式液压缓冲车挡通过在车挡的撞击部位设置小型液压缓冲器来改善撞击性能。液压缓冲器工作稳定性好、后期维护方便,其缓冲性能还可根据额定撞击速度及列车质量进行灵活设计,并使节流孔配置达到最优。这种车挡安装长度为2~2.5m。

(3)固定式弹性胶泥缓冲车挡在铁路车辆车钩缓冲装置减振领域的应用较多,其主体缓冲介质为弹性胶泥材料,可以实现缓冲器的大行程变形及自动复位功能、大容量和低阻抗功能,还具有体积小、重量轻、能量吸收率高、检修周期长等特点。

从尽量保护车辆以及车挡工作可靠性和方便维护的角度出发,推荐车辆段采用固定式液压缓冲车挡。

二、线路及信号标志

为确保中低速磁浮列车安全运行,便于司机操作、运营管理、维护,应在正线、车站及车场等处设置必要的线路、信号等标志,主要包括公里标、半公里标、百米标、坡度标、曲线标、曲线起终点标、竖曲线起终点标、道岔编号标、桥号标、限速标、停车位置标、警冲标等。各种标志应采用反光材料制作。

警冲标设于两设备限界相交处,其余标志安装于行车方向右侧司机易见的位置。

当线路及信号标志安装位置与通信、信号、供电等系统专业的设备重叠或存在干扰时,可适当移动设置位置,并在相关规章中明确规定。

教学做一体化训练

知识测试

一、填空题

1. 中低速磁浮交通线路的平面由直线、_____及_____组成。

2. 中低速磁浮交通限界分为_____限界、_____限界和_____限界三种。

3. 中低速磁浮交通道岔控制模式包括_____模式、_____模式和_____模式三种。

二、简答题

1. 中低速磁浮交通线路按其在运营中的作用分为哪些种类？

2. 简述中低速磁浮道岔的结构组成。

学中做

1. ××年××月××日××时—××时，某磁浮公司根据调度命令，开行区间工程车进入区间施工，××时××分返回车站时，由于装载的设备超限，工程车与轨旁信号设备发生剐擦事故，试根据中低速磁浮交通限界示意图（图2-29，部分数字未标全），分组讨论，分析事故原因，请小组代表上台分析。

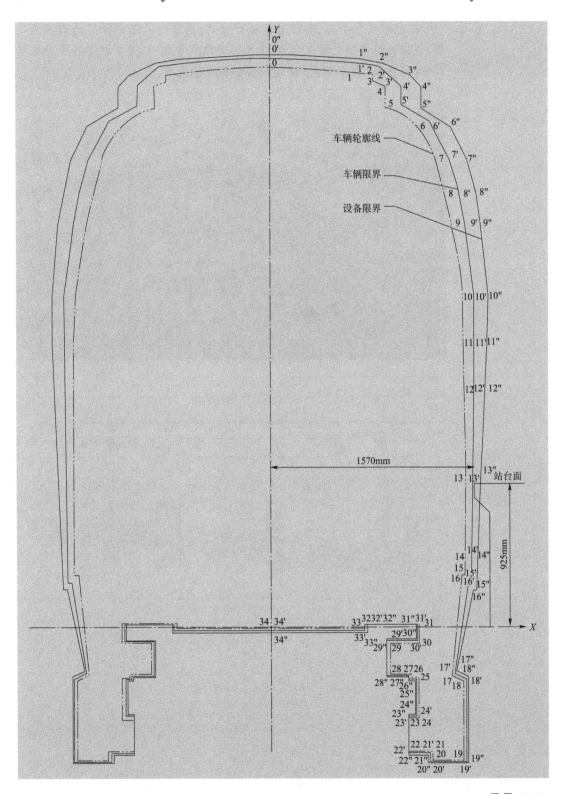

图 2-29

2. 分成学习小组,进行道岔动作分析:根据中低速磁浮交通道岔实物图,试描述道岔手动操作流程,绘制道岔结构示意图,并标注出各部分结构名称(图2-30、图2-31)。小组代表分享小组成果。

■ 图 2-30

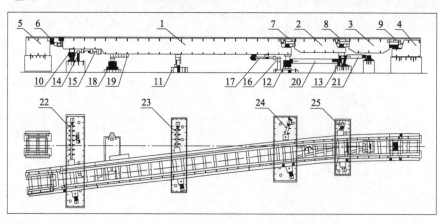

■ 图 2-31

模块 3 中低速磁浮交通车站

模块描述

通过对磁浮交通车站的认知，并结合线上线下自主学习，可了解车站的分类、功能和作用，了解车站各项技术设备，有助于对车站业务进行理解和学习。

知识目标

1. 了解磁浮交通车站的作用。
2. 认知磁浮交通车站的分类。
3. 了解磁浮交通车站的行车设备。

技能目标

1. 能辨识各种磁浮交通车站类型。
2. 能说出车站基本行车设备设施。

思政目标

1. 以长沙磁浮快线为实例，感悟磁浮交通站务工作的严谨认真。
2. 通过分析磁浮交通车站业务，树立磁浮交通员工爱岗敬业的职业素养。

建议学时

4课时

中低速磁浮交通车站概述 3.1

中低速磁浮交通车站作为中低速磁浮交通企业服务乘客的主要工作场所,对乘客而言,它是乘客集散、进出站、购票、乘降、换乘的场所;对工作人员而言,它是提供客运服务、票务处理、列车运行的基层运输生产窗口单位,某些车站还具备折返、存车、临修和会让越行等功能,是磁浮交通各岗位工种进行运输生产的联劳协作基地。

一、中低速磁浮交通车站的概念、业务及设计要求

1. 车站的概念

车站是供乘客乘降,车站工作人员办理行车、票务、客运服务业务,处理站内事件的场所。

2. 车站的业务

车站的业务由行车作业、客运服务和票务作业三部分组成。车站行车作业包括接发列车作业、会让越行作业、调车作业和折返作业等。车站客运作业包括组织乘客乘降和换乘作业等。

3. 车站的设计要求

车站的总体布局应符合城市规划、城市交通规划、城市轨道交通线网规划、环境保护和城市景观的要求,妥善处理与地面建筑、城市道路、地下管线、地下构筑物及施工时交通组织之间的关系。

车站设计应满足高峰小时客流量要求,保证乘客乘降安全、疏导迅速、布局紧凑、便于管理,并应具有良好的通风、照明、卫生、防灾等设施,为乘客提供安全、舒适的乘车环境。

中低速磁浮交通各线路之间及与其他轨道交通线路交会处的换乘站,换乘设施的通过能力应满足预测的远期换乘客流量的要求。

车站的站厅、站台、出入口通道、楼扶梯、售检票口等部位的通过能力应按远期超高峰客流量确定。超高峰设计客流量应为该站预测远期高峰小时客流量乘以 1.1~1.4 超高峰系数。

车站设计应满足系统功能要求,应合理布置设备与管理用房,并宜采用标准化、模块化、集约化设计。

车站设计宜考虑地下、地上空间的综合利用。

二、中低速磁浮交通车站分类

中低速磁浮交通车站按运营功能、空间位置、站台形式、折返功能、是否具备联锁设备及相应功能、乘客规模分为不同种类,不同车站功能不同,其作业内容和重点工作也有区别。

1. 按运营功能分

(1)中间站:仅供乘客上、下车乘降之用,功能单一,是磁浮交通路网中数量最多的基本站型。

(2)区域站:又称为折返站,设在线路中间,可供列车折返、开行区间列车的车站。站内有折返线(站前或站后)设备,区域站兼有中间站的功能。

(3)换乘站:两条或两条以上城市磁浮交通线或其他城市轨道交通线路的交叉点上设置的车站。它除了具有中间站的功能外,更主要的是还具备从一条线上的车站通过换乘设施转换到另一条线路上的车站的功能。

(4)枢纽站:位于城市磁浮交通线路分岔的地方,其中有一条是正线,可以在两个方向上接车和发车、接送两条线路上的乘客。

(5)联运站:车站内设有两种不同性质的列车线路进行联运及客流换乘,联运站具有中间站和换乘站的双重功能。

(6)终点站:线路两端端点车站,除了供乘客上、下车外,还用于列车折返及停留,因此终点站一般设有多股停车线。线路需要延长时,终点站即变成中间站或区域站。

2. 按空间位置分

按车站空间位置的不同,中低速磁浮交通车站可分为地下车站、地面车站和高架车站。

(1)地下车站。地下车站的线路位于地下隧道。其优点是与地面交通完全分离,不占城市地面与地上空间,基本不受地面天气影响;但地下车站需要较大的投资,较高的施工技术,较先进的管理,完善的环控、防灾措施与设备,运营成本较高,改造、调整与维护比较困难。

(2)地面车站。地面车站一般采用独立路基的方式,以减少与地面道路交通的互相干扰。其优点是造价低,施工简便,运营成本低,线路调整与维护较容易;但其具有运营速度难以提高(有部分平交道口),占地较多,影响城市道路交通,容易受天气影响,乘车环境难以改善,有噪声,影响景观等缺点。

(3)高架车站。高架车站设在高架工程结构物上,与地面交通无干扰。造价介于地下车站与地面车站之间,施工、维护、管理、环控、防灾诸多方面都比地下线路方便;但要占用一定的城市用地,并有光照、景观、噪声等负效应,也容易受天气影响。

3. 按站台形式分

按站台和车站到发线的配列形式，中低速磁浮交通车站可分为岛式站台车站、侧式站台车站和岛侧混合式站台车站。具有岛式站台的车站称为岛式站台车站（简称岛式车站），如图 3-1 所示；具有侧式站台的车站称为侧式站台车站（简称侧式车站），如图 3-2 所示；具有岛、侧混合式站台形式的车站称为岛侧混合式站台车站（简混合式车站）。大多数地下车站采用岛式站台，而高架线路车站则多采用侧式站台。

■ 图 3-1
岛式站台车站示意图

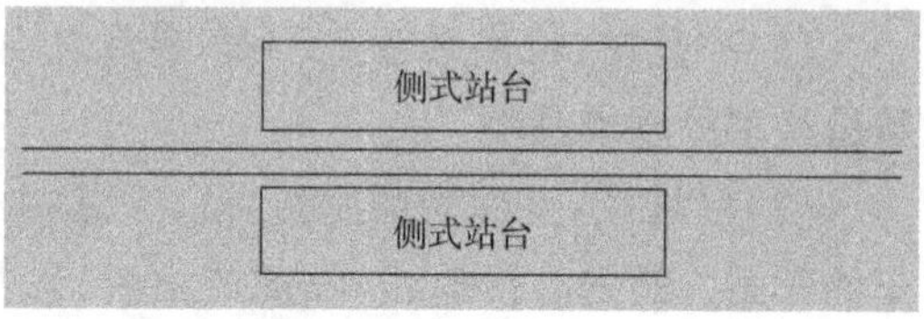

■ 图 3-2
侧式站台车站示意图

4. 按折返功能分

按折返功能，中低速磁浮交通车站可分为终端折返站和中间折返站。

（1）终端折返站。终端折返站位于线路的两端终点，在正常情况下，列车到达终点站，可以分别采取直进弯出、弯进直出的折返方式，并在列车自动控制系统中用折返模式加以设定。

（2）中间折返站。中间折返站是城市磁浮交通的主要车站。为了便于乘客中转、换乘；为了列车临时中途折返（处理大客流或临时行车设备故障等原因），提高运营效率；在城市磁浮交通运营工作中，为使故障列车尽快撤离正线，不影响正线其他列车运行或临时存放列车的需要，在全线每隔若干车站，就需设置一个中间折返站。

5. 按是否具备联锁设备及相应功能分

按是否具备联锁设备及相应功能，中低速磁浮交通车站可分为集中联锁站和非集中联锁站。

（1）集中联锁站。集中联锁站是具有站控功能的车站，车站内安装联锁设备，可集中监督和控制辖区内各站联锁设备。

（2）非集中联锁站。非集中联锁站是指不具备联锁功能的车站。非联锁站一般设置有监视工作站，具备监视列车运行的功能，一般为无道岔车站。

6. 按乘客规模分

中低速磁浮交通车站按乘客规模一般分成三个等级，即一、二、三等站。一等站是指高峰小时进出站总人数在 3 万人次以上的车站，二等站是指高峰小时进出站总人数在 2 万～3 万人次的车站，三等站是指高峰小时进出站总人数在 2 万人次以下的车站。

三、中低速磁浮交通车站建筑组成及设备

按照车站建筑的空间位置,中低速磁浮交通车站一般包括出入口、站厅层、站台层、设备区、通道、通风道及风亭、管理用房、辅助用房等。根据功能的不同,车站主体可分为站厅层、站台层和设备区。车站的主体是列车的停车点,它不仅是供乘客上下车、集散和候车的地方,也是办理运营业务和设置运营设备的地方。

1. 出入口

出入口用于吸引和疏解客流,其规模与出入口的总设计乘客流量有关。出入口一般布置在街道交叉口,以便能大范围地吸引和疏解客流。

2. 站厅层

站厅层用于售票、检票,是布置部分服务与控制设备的场所,一般分为付费区和非付费区。根据客流的大小,在不影响客流集散的同时可以设置商业用房。有些车站的站厅还可考虑与地下商业街连接在一起布置。在站厅层的两端一般有设备用房、管理用房及辅助用房。

3. 站台层

站台层是供乘客上下车的平台,是分散上下客流、供乘客乘降的场地。站台的大小取决于远期预测的高峰小时的客流量。站台层也设有设备用房及管理用房,一般不设辅助用房。站台层常用的站台形式有岛式站台、侧式站台和岛侧混合式站台。

4. 设备区

设备区是安置各类设备、进行日常维修及保养设备的场所。其主要分为环控机房、事故风机房、通信设备室、信号设备室、环控电控室和消防泵房等。

5. 通道

通道是乘客进出车站、出入站台及换乘列车的必由之路。通道的数量和宽度不仅要方便乘客出入车站和满足高峰小时的乘客通行需求,也要满足紧急情况下乘客的快速疏散,还要兼顾与城市公路的立交功能,因此,通道的设计要与车站的总体设计相适应。

6. 通风道及风亭

车站是乘客非常集中的地方,尤其是地下车站,由于人流密集,环境相对封闭,很容易造成车站环境空气污浊。为保证乘客及车站工作人员身体健康,地下车站都设置了环境控制系统,可以不间断地为车站进行空气置换,以满足车站空气清新的要求,因此要设置相应的通风道和风亭进行通风换气。

7. 管理用房

管理用房是车站工作人员的办公用房。其包括车站控制室(简称车控室)、站长室、站务室、广播室、票务值班室、售票亭、会议室及警务办公室等。

8. 辅助用房

车站的辅助用房有卫生间、洗手间、更衣室、清扫工具室等。

为确保磁浮交通车站上述各功能区运营正常,需要相应的设备配套,如自动售检票系统、站台门系统、消防系统、给排水系统、车站低压及照明系统、站内客运设备、环境与设备监控系统等,以满足各功能区向乘客提供满意服务的需求。

城市磁浮交通系统最常见的地下车站,其出入口设置在地面,位置一般应尽量设于地面交通车站、停车场附近,以形成较好的换乘组合,并保证高峰时段客流通畅。地下车站的站厅一般设置于地下一层,地下站台则设置于地下二层,地面出入口、站厅、站台之间要设置快捷可靠的乘降设备,如楼梯、电扶梯等。

四、长沙磁浮快线建筑风格

(1)长沙磁浮快线一期工程的三个车站外立面均采用了一次浇筑成型的装饰清水混凝土外墙,具有朴实无华、自然沉稳的外观韵味。材料本身所表达出的"建筑情感"会对人的感官及精神产生影响,具有一种朴素性的艺术效果,如图3-3～图3-5所示。

■ 图 3-3

磁浮高铁站建筑效果

(2)长沙中低速磁浮车站在设计中注重"以人为本",根据乘客的实际换乘需求,综合考虑车站的总体布局。其中,磁浮高铁站考虑长沙南站进出站人流、地铁换乘人流以及长沙南站东广场其他交通工具换乘的旅客的流线需求,与长沙南站进站层无缝衔接,综合磁浮车站的功能布置与流线设置;磁浮机场站进出站站台、大厅与长沙黄花国际机场航站楼连廊进行等高程无缝对接,力求乘客以最便捷与快速的方式到达磁浮车站搭乘磁浮列车。

■ 图 3-4
磁浮榔梨站建筑效果

■ 图 3-5
磁浮机场站建筑效果

（3）长沙磁浮快线的三个车站的公共区采用烤瓷铝板，吊顶采用金属圆通离缝吊顶，地面采用白麻花岗岩地面的装修标准，三个车站的吊顶采用错缝、拼搭等手段形成不同的室内空间效果。整体风格大气沉稳、宽敞明亮，具有显著的现代感与科技感。

（4）长沙磁浮快线的三个车站考虑到大量管线铺设需求，在站台下方设置电缆铺设夹层，在地下一层设置供变电电缆夹层，便于各种管线的隐蔽铺设，避免互相之间进行干扰，两个电缆夹层均设置自然通风；同时在设备区设置综合管线支架，协调解决各种管线的铺设。

（5）长沙中低速磁浮交通车站设计中充分考虑换乘航空的旅客值机行李运输的需要，在磁浮高铁站前设置了城市航站楼，布置了行李运输通道、停放、装卸等功能区域；其充分考虑了行李的航空安全因素，行李运输流线与乘客流线完全避开，且对该区域进行物理隔离，确保旅客出行安全。

中低速磁浮车站高架结构设计宜尽量与正线或越站线桥梁结构分离（"桥建分离"）。如确有需要，形成"桥-建"合一结构体系，应采取必要的减振降噪措施，并进行站房振动舒适性及安全性的评价。

单元 3.2 中低速磁浮交通车站行车设备

中低速磁浮交通车站的主要行车设备有站台、车站线路、站台门。

一、站台

站台主要供列车停靠和乘客候车、乘降使用,如图3-6所示。对乘客而言,站台是最能直接体现车站主要功能的场所。为了保证站台候车乘客的安全和有效利用站台面积,许多城市轨道交通都在站台边缘安装站台门,将站台与轨行区分隔开,并划出安全线和大客流等候线。

■ 图3-6
中低速磁浮交通站台

二、车站线路

知识回顾

车站线路通常包括正线、折返线和存车线等,以实现列车在站内的到发、通过及停留或进行折返作业。正线是_____;折返线及存车线设置在_____上,其中,折返线是列车进行_____的线路,存车线是_____的线路。

三、站台门

中低速磁浮交通车站每个站台边缘都设有站台门，两侧共同构成具有自我支承结构的站台门，其与站台一起形成一个隔离区。站台门为列车与站台的互通提供了一个可控制的物理屏障，限制了旅客在站台等候区与列车之间的行动，是用于提高运营安全系数、改善乘客候车环境、扩大站台有效使用面积、节约运营成本的一套机电一体化的行车设备系统。

站台门还具有障碍物检测功能及防夹功能。滑动门在关闭时若检测到障碍物（厚度在 5mm 以上），立即停止关闭，以释放夹到的障碍物，并后退 50mm，2s 后，门将以较低速度尝试重新关闭。上述过程重复三次，若门仍不能关闭锁定，站台门将全开，同时门状态指示灯闪烁报警，此时须由站台工作人员做应急处理，解决问题。如果在打开过程中受阻，将退回 50mm，在"退回"的位置停留大约 2s，接着以较慢的速度尝试重新打开。上述过程重复三次若门仍不能打开，站台门将保持全闭状态。

站台门系统的机械部分主要包括承重结构、门体结构、顶箱和门机传动机构。其中，承重结构由顶部悬挂结构、伸缩装置组件、立柱组件、门槛组件、底座组件等组成，起支承门体和顶箱的作用。门体结构由滑动门、固定门、应急门组成，作为乘客进出的通道和隔离站台区与轨道区的屏障。顶箱由前后盖板、顶部盖板、门楣梁、密封件等组成，对内部安装的电气部件、传动机构等起密封保护作用。门机传动机构主要由驱动装置、传动装置、锁紧及解锁装置、位置检测开关等组成，控制滑动门的开启和关闭。滑动门是站台门系统的一部分，是与列车门对应的滑动开启门。滑动门关闭时可作为车站站台公共区域与隧道区域的屏障；打开时，为乘客提供上、下列车的通道；也可作为在车站隧道区域发生火灾或故障时乘客的疏散通道。应急门一般当作固定门使用，在列车进站无法停靠在允许的误差范围位置时，必有一道列车门对准应急门，若需要由应急门紧急疏散时，可由乘客在轨道侧列车上打开相对应的列车门后推动应急门的解锁装置，或者由站台侧站台工作人员用专用钥匙打开应急门进行紧急疏散。

从目前设置的站台门系统来看，其主要有全封闭型和半封闭型两种。全封闭型站台门一般是地下车站所采用的，如图 3-7 所示；半封闭型站台门也称安全门，安装位置与全封闭型站台门基本相同，造价较低，一般用于地面和高架车站，如图 3-8 所示。

下面简要介绍站台门的滑动门、固定门、应急门、站台通道门。

（1）滑动门。滑动门是与客车门联锁的可滑动开启的门，如图 3-9 所示。每一对滑动门分左滑动门和右滑动门，包含四个主要组件：结构、门体、顶箱装置、盖板。门上都有一个指示灯，用于显示滑动门的状态，其一般含义为：门扇正在开启或关闭时，门状态指示灯闪烁；门扇关闭锁定后，门状态指示灯熄灭；门扇完全开启后，门状态指示灯亮。

■ 图 3-7
全封闭型站台门

■ 图 3-8
安全门

■ 图 3-9
滑动门

当站台门系统断电，不能通过电控方式打开滑动门或遇紧急情况需要疏散乘客时，可以进行手动操作，即通过操作滑动门上的解锁装置手动打开滑动门。

（2）固定门。固定门是不可开启的门体，可拆卸更换，其高度与滑动门基本一致，如图 3-10 所示。

（3）应急门。应急门是朝向站台开启的铰链门，应急门地槛的宽度与滑动门地槛的宽度一致。一个单元的应急门分左应急门和右应急门。在紧急情况下，可让旅客从列车进入站台或从站台疏散至轨道。站务人员可以从站台侧使用钥匙开启应急门，站务人员或乘客可从轨道侧使用紧急推杆开启应急门。正常运营时，应急门应保持关闭且锁紧。在停电或火灾等紧急情况下，列车车门无法对准滑动门时，可通过应急门疏散乘客。开启应急门（图 3-11）时，按压该门的拉杆，可以向站台侧旋转推开应急门。

(4)站台通道门。站台通道门是布置于整列站台门端墙或尽头的可开启的门,供车站工作人员进出隧道或高架桥或应急情况下疏散乘客使用,如图 3-12 所示。

■ 图 3-10
固定门

■ 图 3-11
应急门

■ 图 3-12
站台通道门

中低速磁浮交通站台门控制模式一般设置有系统级、站台级、就地级三种级别。在这三种级别中,就地级为最优先级。

在正常运行模式下,由系统级控制操作站台门系统,信号系统直接对站台门进行控制。司机通过信号系统发送开/关门命令至站台门单元控制器(Platform Electrical Door Controller,PEDC),通过门控器(Door Control Unit,DCU)控制滑动门。滑动门开启,就地控制盘(Platform Screen Doors Local Control Panel,PSL)(安装在列车头部端门外侧)上的"门关闭紧锁"灯熄灭;当门关闭后,"门关闭紧锁"灯亮绿灯,信号系统会接收站台门锁闭信号,只有当列车收到站台门关闭且锁紧信号,列车才能以 ATO 模式驾驶。

当系统级控制不能正常控制时(如与信号系统的接口故障、站台门控制器对 DCU 控制失效等故障状态下),列车司机或站务人员可在 PSL 上进行整侧站台门的开门/关门操作,即站台级控制。当站台门全部关闭,因设备故障导致锁闭信号丢失(机车接收不到速度码),列车司机或站务人员用钥匙在 PSL 上进行"互锁解除开关"的操作,向信号系统"强制"发出关闭紧锁信号,PSL 如图 3-13 所示。

就地级控制是当控制系统电源故障或个别站台门操作机构发生故障时,站台工作人员在站台侧用钥匙操作就地控制盒(Local Control Box,LCB)或乘客在轨道侧用开门把手打开站台门。LCB 采用四位模式开关,如图 3-14 所示。"自动"位 DCU 接收"开/关门命令"对滑动门进行控制;当单个滑动门无法正常动作时,用专用钥匙扭至"隔离"位,隔断 DCU 的电力供应(需手动操作),关闭紧锁信号未被旁路;"手动(开/关)"位,适用于关闭紧锁回路故障时的应急处理,DCU不执行来自系统的命令,系统会屏蔽该门。以上操作,钥匙只能在自动模式下才能取出。

图 3-13
PSL

图 3-14
LCB

知识拓展

轨道间隙检测与司机瞭望光带

1. 轨道间隙检测(TGPS)

每侧站台安装有轨道间隙检测保护装置,由一个光源发射器、一个光束接收器和报警装置组成。监视列车与站台门的间隙,发现有障碍物时,向司机发出报警;障碍物清除后停止报警(工作状态体现在PSL上)。当站台人员确认列车与站台门的间隙不存在障碍物,但是"安全防护装置"仍处报警状态时,可认定TGPS发生误报。此种情况下可使用"安全防护旁路开关"将TGPS旁路。

2. 司机瞭望光带

瞭望光带安装在站台尾部,如图3-15、图3-16所示,供司机在关门作业完毕后查看站台是否有夹人夹物。如果司机能看到尾部的光带,证明没有夹人夹物。

发生站台门故障时,要按照"先通车后恢复"的原则进行处理,在保证安全的前提下,车站人员要尽快处理,及时向司机显示"好了"信号,司机在确保安全的情况下按时刻表的要求行车,确保列车准点运行。

当运营中站台门发生异常情况时,司机、车站人员要及时进行处理,做好行车组织的同时,做好乘客广播、引导等客运组织工作。

目前,长沙磁浮快线车站采用激光仪探测站台门和车门之间的空隙状态,司机通过激光仪和视频监控系统双重保障,确认站台门和车门之间的状态。

■ 图 3-15
站台尾部光带

■ 图 3-16
司机瞭望光带

教学做一体化训练

知识测试

一、填空题

1. 按站台与车站到发线的配列形式分类,磁浮交通车站可分为_____车站、_____车站和_____车站。
2. 中低速磁浮交通车站按是否具备联锁设备及相应功能分为_____站和_____站。
3. 站台门控制模式一般设置有_____、_____、_____三种模式,三种模式中,_____级为最优先级。

二、简答题

请同学们对比图3-17、图3-18,说明站台门的作用及安全警示意义。

■ 图 3-17

■ 图 3-18

学中做

分组讨论,案例分析,交流探讨。

××年××月××日××时,××轨道交通公司××站一名老年乘客下车时被站台门夹住,站台工作人员见状急忙上前帮助其脱困未果,老人经送医院抢救无效,不幸身亡。请根据站台门的控制模式和工作原理,阐述站台岗站务员如何正确及时处理此类事件?

中低速磁浮交通车辆系统

模块 4

中低速磁浮交通概论

模块描述

通过对本模块的学习,并结合线上线下自主学习,可了解中低速磁浮列车的种类和组成,理解磁浮车辆的车体结构、车门结构、牵引系统、悬浮系统、通风空调系统、连接系统的性能和基本工作原理,了解国内外磁浮列车技术发展的现状,对磁浮列车有一个初步整体的认知。

知识目标

1. 了解磁浮列车的种类和性能。
2. 了解中低速磁浮车辆的结构及各子系统的基本功能。

技能目标

1. 能简述常导和超导磁浮列车的区别。
2. 能简述中低速磁浮车辆的结构。
3. 能简述中低速磁浮列车的主要系统组成。

思政目标

1. 逐步树立对中低速磁浮列车的主动认知兴趣,提高学习和运用的自觉性。
2. 建立在磁浮交通领域专业的整体化、系统化知识结构,追求真理、严谨治学。

建议学时

6课时

中低速磁浮列车 4.1

随着各国科技实力的增长和对交通运输速度与舒适性研究的不断深入，磁浮未来的发展具有无限可能性。图4-1为我国中低速磁浮工程化样车及其试验线。

■ 图4-1
中低速磁浮工程化样车及其试验线

 想一想

磁浮列车没有轮子，它是如何实现牵引、制动的？

一、磁浮车辆的性质与分类

磁浮，是运用磁铁"同性相斥，异性相吸"的原理，使磁铁具有抗拒地心引力的能力，即"磁性悬浮"，从而使物件不受引力束缚自由浮动，磁浮列车便是通过悬浮架与导轨，运用此性质使得车辆悬浮于导轨上，利用直线感应电机驱动列车前进的轨道交通系统。

根据电磁吸引力和电磁排斥力的基本原理，国际上磁浮列车大致有两个发展方向，见表4-1。

磁浮技术类型比较　　　　　　　　　　　表4-1

车型	德国 TR 系列	日本 HSST 系列	日本 MLX 系列
悬浮方式	常导吸引型		超导排斥型
推进方式	地面长定子线圈	车上短定子线圈	地面长定子线圈
电机	线性同步电机	线性感应电机	线性同步电机

1. 以德国为代表的常导吸引型磁浮系统

常导吸引型磁浮列车是以常导磁铁和导轨作为导磁体，调整车辆下部的悬浮和导向电磁的电磁吸力，与轨道面两侧的绕组产生磁场效应，将列车浮起，用气隙传感器来调节列车与线路之间的悬浮间隙大小，在一般情况下，其悬浮间隙大小为 8~12mm。

根据驱动车辆所用的直线感应电机类型的不同，常导吸引型磁浮系统可分为两种：一种是采用长定子同步直线感应电机推进，效率较高，速度也较快，高速行车速度（400~500km/h），这类列车的典型代表是德国 TR 系列列车。另一种是采用短定子感应直线电机推进，效率较低，速度较慢，主要适用于低速运行，行车速度一般为 50~100km/h，典型代表是日本的 HSST 系列列车。

2. 以日本为代表的超导排斥型磁浮系统

超导排斥型磁浮列车是利用超导磁铁和低温技术来实现列车与线路之间悬浮运行，这种磁浮列车低速时并不悬浮，当速度达到 100km/h 时方可悬浮。

其根据采用的超导材料的不同又可分为低温超导磁浮列车和高温超导磁浮列车，低温超导磁浮列车采用液态氦冷却，这种车的典型代表为日本 MLX 型低温超导磁浮列车，测试最高行车速度可达 552km/h。

二、磁浮车辆系统组成

磁浮车辆系统主要由车体、车门、悬浮架、悬浮系统、车钩缓冲装置、贯通道、牵引系统、制动系统、辅助供电系统、安全系统等组成。

（1）车体：车体用于承载乘客，同时是安装和连接车辆各系统的重要组成部分。车体由顶盖、侧墙、底架、端墙及驾驶室骨架 5 大模块组成，采用铝合金全焊接 V 型结构。

（2）车门：车辆每侧设 2 套电动塞拉门，用于旅客上下车，具备防夹功能。

（3）悬浮架：位于车体下部，悬浮列车并承载车体重量，通过电磁铁从外侧环抱轨道，实现列车与轨道非接触运行，牵引列车沿着轨道前进，适应轨道的几何扭曲与不平顺，保证列车运行安全。

（4）悬浮系统：中低速磁浮交通的悬浮系统主要包括悬浮电磁铁、悬浮传感器和悬浮控制器。

（5）车钩缓冲装置：中低速磁浮车辆主要采用半自动车钩和半永久车钩。

（6）贯通道：贯通道位于两节车厢的连接处，为乘客提供站立通过空间，是连接两车辆通道的最重要的组成部分。贯通道主要包括车体框组成、折棚组成、顶护板组成、侧护板组成、踏板支承和渡板组成等部分。

（7）牵引系统：中低速磁浮列车的牵引系统是一套车载的大功率逆变器-直线感应电机系统，主要包括短初级直线感应电机、牵引变频器和牵引控制系统。

（8）制动系统：制动性能是中低速磁浮列车安全运行重要的指标。中低速磁浮列车一般有电气制动和机械制动两种模式。

（9）辅助供电系统：为中低速磁浮列车提供正常供电和紧急供电所需电源，辅助供电系统可为整列车提供 AC380V 和 DC110V 两种电源，确保车辆安全运行。

（10）安全系统：保证中低速磁浮列车的安全运行，防止事故发生，自动避免潜在危险，对紧急事件进行处理和报警，并保护乘客安全。

三、磁浮车辆的技术特点优势

磁浮车辆的研究与发展，是当今世界地面交通运输技术发展的必然趋势，它较传统轮轨运输有着独特的优越性。

（1）速度快、乘坐舒适感好：中低速磁浮车辆相较地铁速度快，消除了列车与轨道之间的摩擦，因而没有摩擦阻力，具有噪声小的优点，大大提高了旅客的乘坐舒适度，缩短了旅途时间。

（2）磁浮列车运行灵活、易拐弯、能爬坡、选线灵活：磁浮列车转弯半径小，且有一定的爬坡能力，能够更灵活地适应地形，不需要凿山填河，降低了建设成本。

（3）安全、可靠：由于磁浮列车采用导轨结构和抱轨技术，列车运行平稳，不会发生脱轨和颠覆事故，提高了列车运行的安全性和可靠性。

（4）故障少、维修费用低：磁浮列车虽然一次投资较高，但因列车运行中没有磨耗，设备运行中振动较小，且基本不用润滑，后续维修成本小。

四、磁浮车辆未来发展方向

我国从 20 世纪 80 年代初开始对磁浮技术进行深入研究，目前已初步掌握核心技术，相比传统的轮轨运输，磁浮交通在技术、运营管理方面都还未完全成熟，机遇与挑战是并存的，但是由于磁浮列车本身固有的优越性，其更能符合未来人们追求高质量出行的发展。目前对磁浮列车的研究主要集中在以下几个方面。

（1）提高运输能力：车辆载客量、列车编组及行车密度是提高运输能力的三要素,磁浮列车要达到高运输能力,有许多关键技术必须解决,只有提高了运输量才可以降低成本。

(2)规划线路统一标准:国内外现有的磁浮线路有不同的技术制式,即使是相同的技术制式,也存在着车辆尺寸、轨距等方面的差异。这些差异不利于磁浮线路技术发展、不利于设备集约化利用、不利于互联互通。

(3)降低造价和成本:国内常用的中低速磁浮系统为短定子直线感应电机推进,全线轨道铺设铝感应板,并通过地面信号与车辆设备共同控制车辆的驾驶。车辆、信号、电气设备所占成本的比例相较地铁要低。

(4)聚焦制动性能:在紧急情况下,如电源断开、供电失效,磁浮列车必须有紧急制动措施,包括涡流制动、盘形制动、摩擦制动等方式,以保证列车制动的安全可靠性,同时增大蓄电池的电池容量,使其有足够的制动力。

另外,磁浮技术不仅可以运用在磁浮列车上,还可以运用在航天航空、海上运载等领域,它有着深远的发展价值,概括地说,它既是一种能带动众多高科技发展的基础科学,又是一种极具广泛前景的应用技术。

单元 4.2 中低速磁浮车辆车体

 想一想

磁浮车辆车体常用材料有什么特点？

车体为整个车辆的主要承载部件，主要分为 Mc 车（带驾驶室）和 M 车（不带驾驶室）。车体采用轻型、整体承载铝合金模块化全焊接结构，主要由底架、顶盖、侧墙、端墙以及驾驶室骨架等组成，底架、侧墙、端墙及车顶均承受垂向、纵向、扭转等载荷，设计应满足标准规定的强度要求。

一、车体总成

车体断面如图 4-2 所示。

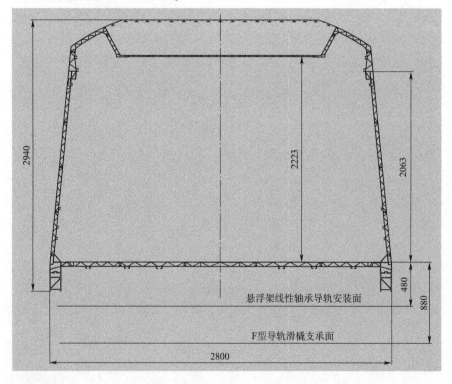

■ 图 4-2
车体断面（单位：mm）

车体组装：由底架、顶盖、侧墙、端墙、驾驶室骨架等5大模块组成；各大部件通过焊接的方式连接，如图4-3、图4-4所示。

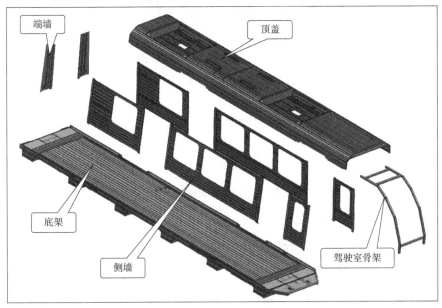

■ 图4-3
Mc车车体组装

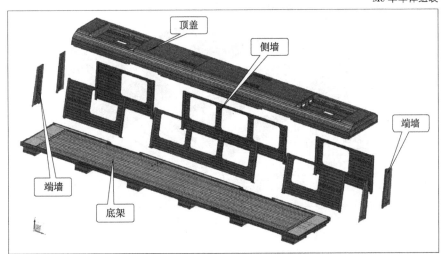

■ 图4-4
M车车体组装（驾驶室骨架略）

二、主要结构部件

Mc车和M车结构基本相同，下面以Mc车为例进行说明（驾驶室骨架略）。

1. 底架

底架由底架边梁、长地板、底架端梁、滑台横梁、牵引梁、短纵梁等部件组成。

(1)底架边梁位于底架底板左右两侧,是底架与侧墙连接的关键部件。

(2)长地板采用5块型材拼焊而成,用于安装客室地板、座椅及载客,地板底面设计有C型槽,用于安装电气设备、管路、线槽或支架等。

(3)滑台横梁每节车布置6个,底架组焊完成后整体加工,保证6个滑台横梁与悬浮架连接面的平面度和直线度符合要求。

(4)牵引梁与底架端梁、地板、短纵梁连接,形成一个箱形结构,保证车钩区域纵向力的传递。

(5)短纵梁位于地板和滑台横梁中间,用于加强滑台横梁的刚度,防止滑台横梁变形。

2. 顶盖

顶盖结构由顶盖边梁、圆弧顶盖、空调底板、顶盖横梁、空调隔墙、顶盖端梁等部件组成,如图4-5所示。

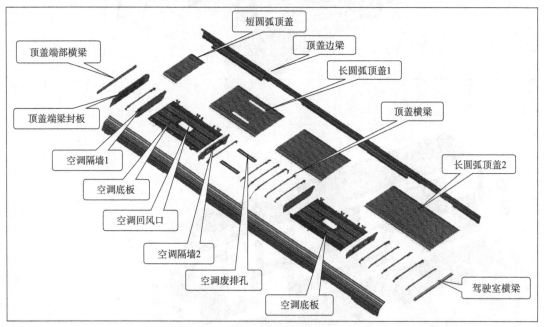

■ 图4-5
车体顶盖组装图

(1)顶盖边梁位于顶盖的左右两侧,提供与侧墙的连接接口,同时顶盖边梁上直接加工有上门角。

(2)顶盖上设有空调安装平台,由型材插接拼焊组成,从平台端部空调隔墙上开方孔向客室送新风,平台开长方孔,用于客室回风。

(3)顶盖其余区域为单层圆弧顶盖;圆弧顶盖由型材插接拼焊组成,在中间长圆弧顶盖开有空调废排孔。

3. 侧墙

侧墙采用分块式结构,左右两侧侧墙均由大侧墙、Ⅰ端小侧墙、Ⅱ端小侧墙组成。

侧墙上部与顶盖相连,下部与底架边梁相连,各个单元在车门处分开。每个侧墙单元由两根门立柱和侧墙板组成,门立柱和侧墙板都为中空铝型材,在门立柱上设计有 C 型槽,用于车门、门立柱罩和内装墙板等安装。

侧墙板由 4 块型材拼焊而成,其上设计有 C 型槽,用于座椅安装、内装墙板安装、车窗安装和贴防寒棉。Mc 车侧墙组装如图 4-6 所示。

4. 端墙

端墙由端墙立柱、端墙板拼焊而成,在端墙的四周设计有局部凸起,用于镶嵌钢螺套,以满足贯通道安装需求,贯通道通过螺栓连接的方式与车体相连。端墙三维模型如图 4-7 所示。

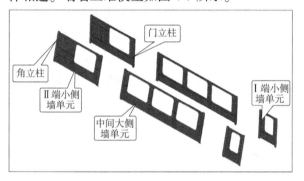

■ 图 4-6
Mc 车侧墙组装

■ 图 4-7
端墙三维模型

三、驾驶室布局

驾驶室布局如图 4-8 所示。

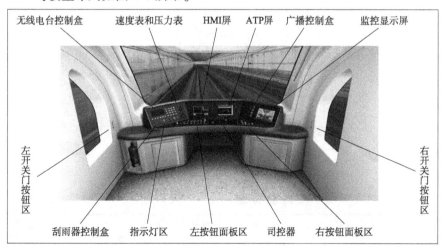

■ 图 4-8
驾驶室布局

中低速磁浮列车车门系统 4.3

一、中低速磁浮列车车门系统结构

客室侧门为电动双开塞拉门。在同一侧的所有的客室侧门同时打开和关闭,在关闭位置客室侧门与车辆外部是平齐的。当打开门页时,开始阶段以一个组合的横向和纵向的运动,然后沿着车体向完全打开的位置滑动。客室侧门有两个主要的机械门页和顶部机构,如图4-9所示,图中对应的车门部件见表4-2。

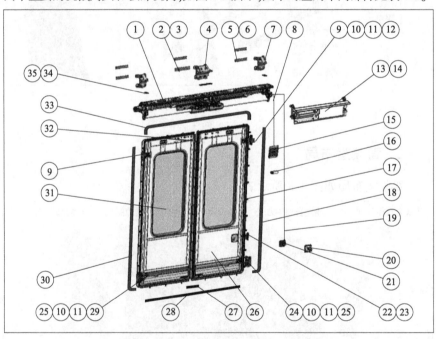

■ 图4-9
车门部件图

车门部件表   表4-2

序号	名 称	数量	序号	名 称	数量	序号	名 称	数量
1	承载驱动机构	1套	4	中间吊架组件	1套	7	侧吊架组件	2套
2	侧吊架调整垫片Ⅰ	1个	5	安装架垫片	9个	8	钢丝绳套管组件	1套
3	侧吊架调整垫片Ⅱ	1个	6	垫片	7个	9	平衡轮组件	2套

续上表

序号	名　称	数量	序号	名　称	数量	序号	名　称	数量
10	摆臂垫片	8个	19	外操作钢丝绳套管组件	1套	28	门槛	1块
11	垫片	4个	20	外部钥匙开关组件	1套	29	摆臂组件	1个
12	垫片	6个	21	车外解锁装置	1套	30	左侧压条	1个
13	MDCU组件	1台	22	隔离开关组件	1套	31	左门页	1扇
14	EDCU垫块	2个	23	垫片	2个	32	偏心轮	2个
15	内操作装置	1套	24	摆臂组件	1个	33	上压条	1个
16	电按钮	1个	25	摆臂垫片	6个	34	垫片	5个
17	调整垫	50个	26	右门页	1扇	35	垫片	2个
18	右侧压条	1个	27	嵌块	1个			

二、车门工作原理

1. 车门系统原理

门控系统根据列车控制信号和门驱动机构上的元件(如门到位开关，隔离开关)反馈的状态信息向电机发出指令，电机驱动丝杆(对于双页门，丝杆一半是右旋的，一半是左旋的)来实现运转。传动螺母通过铰链结构与门扇柔性连接。磁浮车门系统原理示意图如图4-10所示。

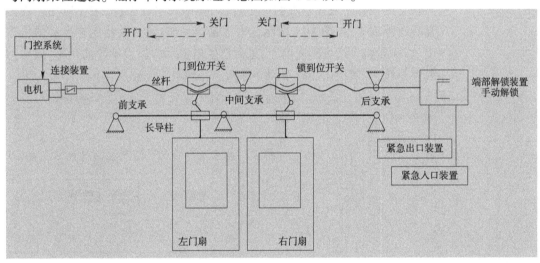

■图4-10
磁浮车门系统原理示意图

2. 电控系统功能

(1) 开门功能

列车在不运动(速度为0)时，在车辆控制信号有效，同时车门没有因隔离而退出服务的情况下，司机在驾驶室启动车辆"开门"控制信号，被打开的车门将一直保持在开启状态，直至车辆"关门"控制信号启动。

(2) 关门功能

关门有自动关门和人工手动关门两种模式。

中低速磁浮车辆悬浮系统 4.4

 想一想

吸力悬浮系统和斥力悬浮系统各自有什么特点？分别有什么应用实践案例？

一、中低速磁浮车辆悬浮系统概述

悬浮系统分为电磁悬浮系统和电力悬浮系统，它们的工作原理简单来说就是"异性相吸,同性相斥"。电磁悬浮系统：依靠在机车上的电磁铁和导轨上的铁磁轨道相互吸引产生悬浮,属吸力悬浮系统,主要应用于德国常导磁浮列车,如图 4-11 所示。电力悬浮系统：将磁铁使用在运动的机车上,以在导轨上产生感应电流,进而产生电磁斥力以支承导向列车,属斥力悬浮系统,主要应用于日本超导系列,如图 4-12 所示。

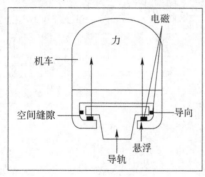

■ 图 4-11
常导磁浮列车

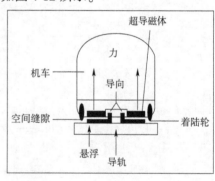

■ 图 4-12
超导磁浮列车

二、中低速磁浮车辆悬浮系统的组成与功能

中低速磁浮车辆的悬浮系统主要包括悬浮传感器、悬浮控制器和悬浮电磁铁。悬浮控制系统通过控制悬浮电磁铁电流的大小,实现对悬浮间隙的调节和控制。

长沙磁浮快线列车为 3 节编组,每节车有 5 个悬浮架,每个悬浮架有 2 个悬浮电磁铁,每节车共有 10 个悬浮电磁铁。每个悬浮电磁铁分为两组独立控制,每组由 1 套悬浮控制单元控制。每套悬浮控制单元包括 1 个悬浮传感器和 1 台悬浮控制器。每节车共有 20 套悬浮控制单元,每列车共有 60 套悬浮控制单元,单节车的悬浮点分布情况如图 4-13 所示。

■ 图 4-13
单节车的悬浮点分布情况

单悬浮点的悬浮系统布局如图 4-14 所示,其中悬浮控制器安装于车体底板下方,悬浮传感器安装于电磁铁两端,悬浮电磁铁通过托臂与悬浮架连接。

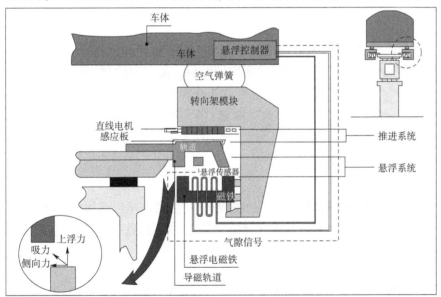

■ 图 4-14
单悬浮点的悬浮系统布局

1. 悬浮传感器

(1) 功能

悬浮传感器是悬浮系统中的检测部件,安装在悬浮电磁铁两端,如

图4-15所示,用于检测悬浮电磁铁极板与F型导轨磁极面之间的间隙和悬浮电磁铁的垂向加速度,并将检测信号输出给悬浮控制器。

(2)结构

悬浮传感器由3个间隙传感器探头、2个加速度传感器和封装电路板组成,间隙探头由环氧树脂包封为一体,如图4-16所示。

▌图4-15
悬浮传感器

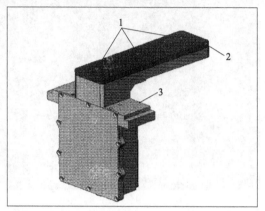

▌图4-16
悬浮传感器
1-间隙探头;2-环氧树脂包封;3-封装电路板及加速度传感器

(3)作用

间隙探头:用来检测悬浮电磁铁与F型导轨的间隙,输出电压信号。环氧树脂包封:填充固化后,可固定间隙探头的安装位置,防止因振动造成偏移。加速度传感器:能感应到列车在静止状态和运行状态的垂向加速度值,输出电压信号。封装电路板:用于处理间隙探头和加速度传感器的监测信号。

2. 悬浮控制器

(1)功能

悬浮控制器是悬浮系统中的控制部件,根据悬浮传感器的信号,经过运算和处理,输出控制电流到悬浮电磁铁,控制电磁铁的悬浮力,从而实现车辆的稳定悬浮。

(2)工作原理

悬浮控制器包括箱体、电源模块、功率单元、控制电路和控制软件。悬浮控制器通过控制电路采集由悬浮传感器输入的悬浮间隙信号和加速度信号,同时由电流传感器采集电流信号,并通过数模转换芯片将这些信号转换为软件内部的数字量;经过软件中的悬浮控制算法进行运算后,向功率单元输出控制信号,再经过功率单元对控制信号放大后将电流输出到悬浮电磁铁的绕组。单点悬浮控制系统组成如图4-17所示。

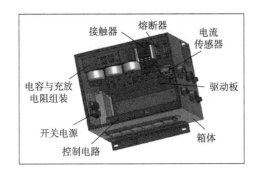 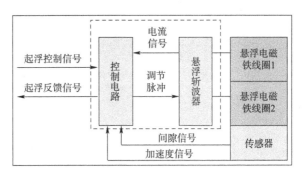

图 4-17 单点悬浮控制系统组成

3. 悬浮电磁铁

(1) 功能

悬浮电磁铁是悬浮系统中的执行部件,通入电流时产生电磁吸力,实现车辆的悬浮。

(2) 工作原理

悬浮控制器向悬浮电磁铁中的扁铝线圈输出悬浮电流,线圈产生电磁场,在电磁场的作用下,极板与轨道之间产生电磁吸力,使得车辆实现悬浮。

(3) 结构

悬浮电磁铁由极板、铁芯和线圈组成,铁芯通过螺钉固定安装在极板上,一台悬浮电磁铁包括两个极板、四个铁芯和四个线圈,悬浮电磁铁的外形参考尺寸为 2720mm×236mm×200mm。悬浮电磁铁三维结构如图 4-18 所示。

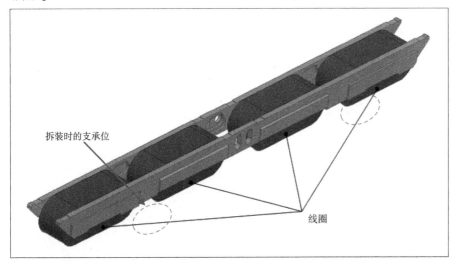

图 4-18

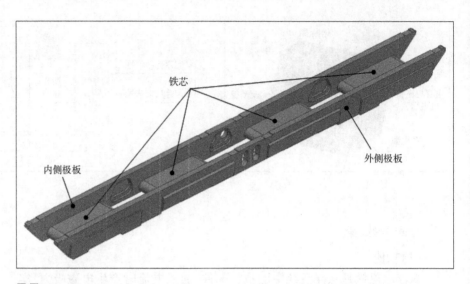

■ 图 4-18
悬浮电磁铁三维结构

中低速磁浮车辆悬浮架 4.5

一、中低速磁浮车辆悬浮架概述

悬浮架位于车体下部,主要由铝合金型材、铸铝等非磁性或弱磁性材料构成,满足车辆轻量化与抗磁干扰的要求。悬浮架的主要作用是承受通过电磁铁从外侧环抱轨道、车辆车体及设备的载荷,传递车辆的牵引力与制动力,引导车辆在轨道上安全运行。悬浮架采用5个基本悬浮架单元均布承载,20个空气弹簧支承车体并衰减缓和来自轨道不平顺产生的振动与冲击,采用线性轴承和迫导向机构来提高车辆曲线通过性能。

二、悬浮架的结构

以长沙磁浮快线车辆为例,其悬浮架的布置如图4-19所示。

如图4-19所示,长沙磁浮快线列车为三编组形式,每节车配有三个悬浮架,即两节头车(Mc1车、Mc2车)配有Mc车悬浮架和一节中车(M车)配有M车悬浮架。悬浮架的主要技术参数见表4-3。

悬浮架的主要参数表　　　　　　　　表4-3

参　数　名　称	单　位	数　值
每节车空气弹簧数量	套	20
悬浮架横向限位	mm	15
额定悬浮间隙	mm	8
制动夹钳与F型导轨间隙(悬浮状态)	mm	10
直线感应电机与铝板间隙(落车状态)	mm	5
受流器中心高(垂向基准)	mm	650

1. Mc车与M车悬浮架的对比

以长沙磁浮车辆为例,其悬浮架分为Mc车悬浮架和M车悬浮架,如图4-20所示,悬浮架单元配置见表4-4。

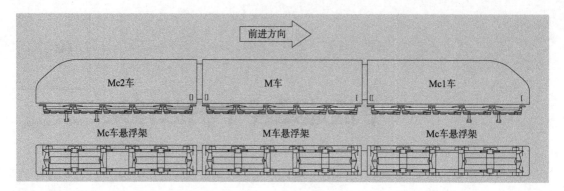

■ 图 4-19
悬浮架的布置

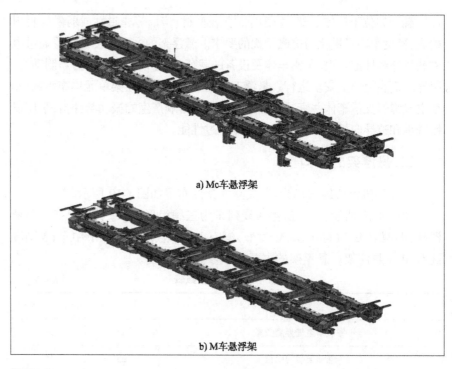

■ 图 4-20
Mc 车与 M 车悬浮架

悬浮架单元配置表　　　　　　　　　表 4-4

序号	部件名称	Mc 车悬浮架	M 车悬浮架
1	悬浮架单元 I	√	√
2	悬浮架单元 II	√	√
3	迫导向机构	√	√
4	滑台装配	√	√
5	高度调节装置	√	√
6	接地刷安装	√	√

续上表

序号	部 件 名 称	Mc车悬浮架	M车悬浮架
7	受流器安装	√	×
8	扫石器装置	√	×
9	测速定位装置	√	×
10	雷达装置	√	×

2.中低速磁浮车辆悬浮架关键部件

(1)悬浮架单元。悬浮架单元是悬浮架基本结构组装部分。以长沙磁浮快线车辆为例,每车5个悬浮架单元、2种单元类型[悬浮架单元Ⅰ(图4-21),悬浮架单元Ⅱ(图4-22)]。其中,2种单元类型的区别在于是否带有基础制动装置。

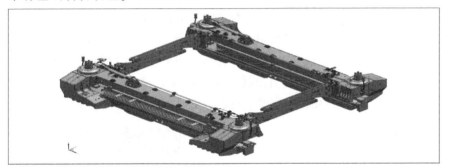

■ 图4-21
悬浮架单元Ⅰ结构

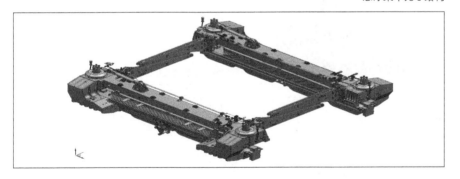

■ 图4-22
悬浮架单元Ⅱ结构

(2)模块装配是悬浮架单元的骨架,是由左右模块和前后抗侧滚梁通过螺栓连接而成的矩形框架结构。左右模块中间为焊接而成的纵梁,纵梁为直线感应电机、牵引装置及附属管路提供了安装结构。

(3)迫导向机构。迫导向机构安装在车体底架下部、模块装配上方。迫导向机构由长T型转臂、短T型转臂、拉杆装配和钢管装配等主要部件组成。迫导向机构与模块装配、滑台装置配合实现悬浮架的曲线拟合功能,保障列车在曲线上顺利通过。

（4）支承轮。支承轮主要由油缸、支承轮支架和滚轮轴承组成,如图4-23所示。在中低速磁浮列车需要救援时,实现救援支承作用。当车辆需要时,通过列车控制、油缸顶出将支承轮撑起,依靠自身动力或其他救援车辆实现列车运行。

（5）牵引装置。牵引装置由牵引杆和牵引安装座组成。牵引装置的作用是将直线感应电机发出的牵引力或电制动力传递至车体。

（6）基础制动装置。基础制动装置包括制动拉杆和制动夹钳。基础制动装置采用液压制动方式,将制动夹钳钳制轨道产生的制动力传递至悬浮电磁铁装配、模块装配等部件进而至车体,从而起到制动作用。

■ 图4-23
支承轮

（7）受流器。受流器主要由上、下支座和受流器组成。受流器主要为车辆提供电力输入,直接与接触轨滑动接触受流。

（8）滑台装置。滑台按照其位置与结构形式分为固定滑台、端部滑台和中间滑台。滑台装置与迫导向机构配合,使悬浮架实现曲线拟合。

（9）垂直滑橇装置。垂直滑橇安装在托臂上,如图4-24所示,当中低速磁浮列车失去悬浮时,垂直滑橇可以起支承列车和制动作用。

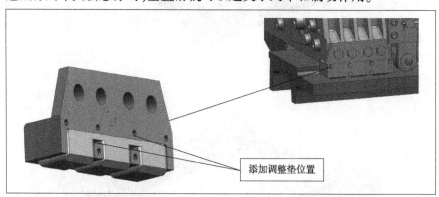

■ 图4-24
垂直滑橇

中低速磁浮车辆车端连接装置

4.6

中低速磁浮车辆车端连接装置主要由车钩缓冲器和贯通道构成。

一、车钩缓冲器

车钩缓冲器用于连接列车和传递列车的牵引力并减小车辆连挂和列车运行中车辆之间的冲击力,使车辆具有连挂、传递牵引力和能量缓冲三种功能。

1. 车钩缓冲器的布置

以长沙磁浮快线列车为例,其采用两种类型的车钩,如图4-25所示。

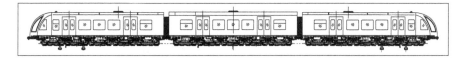

■ 图4-25

Mc1-M-Mc2 车钩布置

*为半自动车钩缓冲器,包括自动机械钩头、电气钩头、橡胶弹性装置和可恢复缓冲器;-为半永久车钩缓冲器。

2. 车钩缓冲器的类型

(1) 半自动车钩缓冲器

列车首尾端头处采用具备可复原能量吸收功能的半自动车钩,带电钩头。

半自动车钩具有自支承并能自动对中,包含主风管阀,可提供连挂车辆间的气体供应,并设计有牵引装置,包含了橡胶弹性装置和可恢复缓冲器,吸收连挂和撞击的能量,如图4-26所示。

半自动车钩采用密接式连挂机构,并具有导入连挂特性,机械部分、气路部分及电钩头均可实现全自动连挂,连挂状态可显示在司机台上。半自动车钩的手动解钩有连挂解钩指示标志。

(2) 全自动车钩缓冲器

全自动车钩缓冲器的特性:自动机械连接、自动气路连接、自动电路连接、自动解钩、通过弹性缓冲器实现能量吸收功能,如图4-27、表4-5所示。

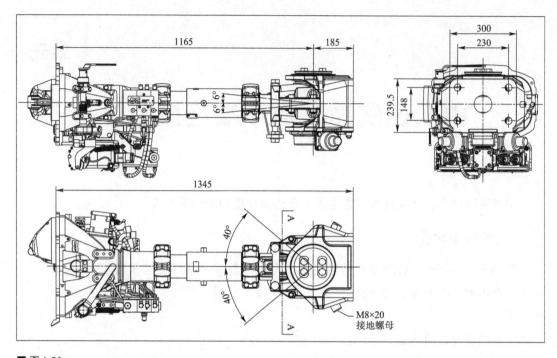

■ 图 4-26

半自动车钩缓冲器二维图(单位:mm)

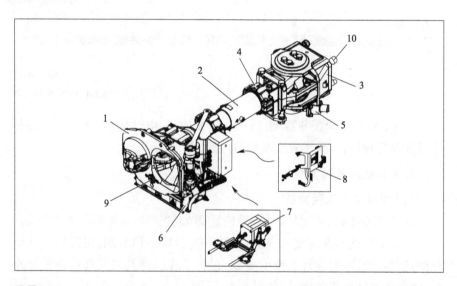

■ 图 4-27

全自动车钩缓冲器

全自动车钩缓冲器部件表　　　　　表 4-5

编号	描　述	编号	描　述
1	330 型机械车钩	4	卡箍套件
2	单动式减振器	5	对中装置
3	橡胶弹簧座	6	电动车钩——底部安装型

续上表

编号	描 述	编号	描 述
7	电动车钩执行器	9	MRP 阀
8	气动系统	10	安装螺母

（3）半永久车钩缓冲器

半永久车钩两侧的牵引装置设计都包括了橡胶缓冲器装置,可吸收车间冲击的能量,进行旋转并传递中间部分与车体底板间的载荷。

半永久车钩缓冲器由两部分组成,即半永久车钩 1 和半永久车钩 2,通过筒套卡环连接,如图 4-28 所示。

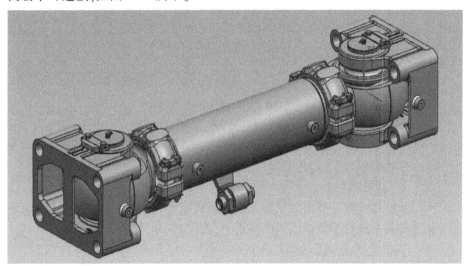

图 4-28
半永久车钩缓冲器三维图

3. 车钩缓冲器的组成

车钩缓冲器主要由机械钩头、风管连接、电气车钩、机械对中装置、车钩座、解钩装置、吸能装置和可恢复缓冲器等构成,可以实现自动机械连接、自动气路连接、自动电路连接,需要手动解钩,如图 4-29 所示。下面主要介绍车钩与缓冲器。

（1）车钩

车钩的作用:车钩与车钩连接,通过相互作用使车钩具有待挂、连接、解钩三个作用位,以完成车辆的连挂和分离作用。

待挂位置:为车钩连接前状态,张紧弹簧处自由状态。

连接位置:与相邻车辆的车钩对撞自动完成。

解钩位置:司机操纵按钮控制电磁阀,使解钩风缸作用,风缸活塞杆推动钩舌做顺时针转动,张紧弹簧拉伸,使车钩的钩锁脱开相邻车钩的钩舌,车钩处于解钩状态,拉动一组车钩分离。

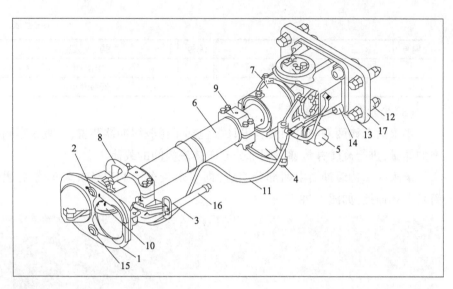

■ 图 4-29

车钩缓冲器

1-机械车钩;2-MRP 阀;3-手动解钩;4-水平支承;5-水平对中;6-压溃管;7-缓冲装置;8-风管（MRP）;9-连接环;10-钩舌;11-接地线;12-过载保护装置;13-螺栓①;14-螺栓②;15-BP 阀;16-风管（BP）;17-转接板

（2）缓冲器

悬浮列车缓冲器由减振器和橡胶弹簧座构成,作用是缓和并减小车辆连挂和列车运行中车辆之间的冲击力,提高列车运行的平稳性。

①单动式减振器。

压缩能量从机械车钩通过减振器至固定在车底架的转动座,从而传输到车辆上。单动式减振器的作用在于尽可能吸收这些压缩能量。工作行程 75mm 的液压缓冲器为气体-液压型减振器,可吸收大部分压缩能量,如图 4-30 所示。

■ 图 4-30

单动式减振器

②橡胶弹簧座。

橡胶弹簧座通过牵引杆将压缩和牵引力传输到车辆上。在正常操作中,这些力将被橡胶弹簧吸收。在拉伸期间,橡胶弹簧的工作行程约为 40mm;在压缩期间,橡胶弹簧的工作行程约为 50mm,弹簧座部件见表 4-6。

车钩的垂直移动受到轴承外壳与牵引杆之间的实际触点的限制。垂直移动的最大角度为 8°。支承弹簧在垂直方向上对车钩进行对中,并被预先施加载荷以确保提供牢固、可靠的垂直对中功能。当车钩向下转动时,弹簧将被压缩。为了调整车钩的垂直位置,安装了调整螺栓,该螺栓可调节支承弹簧的预加载荷。车钩绕着枢轴沿水平方向转动。

橡胶弹簧能吸收压缩和拉伸能量,以最大限度地减少车辆之间的峰值载荷。橡胶弹簧可延长车钩部件的寿命,最大限度地减小噪声和提高车辆舒适性。

橡胶弹簧座部件表　　　　　　表4-6

编号	描述	编号	描述
1	牵引杆	4	调整螺栓
2	橡胶弹簧	5	枢轴
3	支承弹簧		

内部机械止动件限制了压缩与拉升情况下的行程,保护橡胶弹簧在高压缩/拉升能量下不被损坏。

二、贯通道

1. 贯通道的组成

贯通道主要由车体框、折棚、渡板连杆、渡板、踏板和裙边固定板组成,如图4-31所示。

2. 贯通道的位置及功能

以长沙磁浮快线为例,列车的编组形式为3辆一列,每列车需要2个贯通道。贯通道位于中低速磁浮列车两节车厢的连接处,是连接车辆的重要组成部分。它可以为相邻两节车厢之间的乘客提供安全的站立、通过空间;可以降低外部噪声和热量传递,起密封作用;作为整列车内的可变形区域,为列车通过曲线时提供可恢复的变形能力。

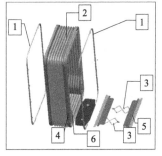

■图4-31
贯通道外形
1-车体框组成;2-折棚组成;3-渡板连杆组成;4-渡板组成;5-踏板组成;6-裙边固定板

3. 贯通道的分类

(1)根据连挂方式的不同可分为整体式和分体式。

①整体式贯通道:多用于车端间距较小的B型车,因整体式贯通道重量轻,在车端安装后可实现自支承。整体式贯通道多为多块板搭接结构式贯通道。

优点:重量轻,结构简单,能够自支承,不需要车钩支承,成本低。

缺点:受车端间距限制,整体式贯通道外折棚及内室板的可拉伸量小,很难通过曲线半径过小的曲线。

②分体式贯通道:多用于车端间距较大的车辆,分体式贯通道重量大,在车端安装后需由车钩支承。分体式贯通道有单块板结构式,也有多块板搭接结构式。

(2)根据内部侧护板的结构不同可分为多块侧护板搭接结构式和单块侧护板结构式。

①多块侧护板搭接结构式贯通道:

优点:车端间距较大,贯通道外折棚及内室板的可拉伸量大,能通过较小半径的曲线,成本低。

缺点：贯通道通过较小的曲线时，侧护板搭接处会出现间隙，易夹手，存在潜在的危险；侧护板由多块板搭接而成，且背面机构复杂，在运行时将会因搭接处的摩擦和机构的拉伸、扭曲产生噪声。

②单块侧护板结构式贯通道：

优点：车端间距较大，贯通道外折棚及内室板的可拉伸量大，能通过较小半径的曲线；车辆运行时侧护板始终保持整体结构，不会有任何潜在的危险，同时车辆运行时侧护板不会产生噪声。

缺点：成本高。

中低速磁浮列车牵引系统

单元 4.7

一、磁浮列车牵引方式分类

磁浮列车的牵引系统是利用直线感应电机来实现列车牵引运行的。直线感应电机分为短定子异步直线感应电机和长定子同步直线感应电机。

短定子异步直线感应电机:将直线感应电机安装在磁浮列车上,将感应板沿全线铺设在轨道上。短定子异步直线感应电机的优点是造价低,容易控制和维护、噪声较低等;缺点是效率低、电机功率因数较低等。由于需要受电弓为车载初级绕组提供交流电,因此,短定子异步直线感应电机适用于中低速磁浮列车。

长定子同步直线感应电机:长定子同步直线感应电机的优势是牵引功率大、效率比短定子更高,能够实现更高的牵引速度。由于直线感应电机由地面供电,所以列车不需要安装受电弓。因此,长定子同步直线感应电机适用于高速磁浮列车。

二、牵引系统的工作原理和电路组成

1. 工作原理

车辆通过受流器从受流轨受流,牵引和反向制动时受流器从受流轨获取列车所需的电能,受流器通过电缆与高压电器柜相连,对高压电器柜提供库内供电。经高压电器柜对牵引逆变器直流回路的预充电和快速放电单元及整个系统进行保护,再将电供给电抗器实现对牵引系统主电路直流侧电压波动的限制和避免高次谐波对电网轨道信号的影响,在逆变器发生故障时限制直流电流的上升率。输出给牵引逆变器直流电 DC1500V 变换成频率和幅值都可调的三相交流电,给直线感应电机供电,工作流程如图 4-32 所示。

2. 牵引系统的电路组成

牵引系统主电路主要由受流器、避雷器、高压分线箱、高压电器柜、电抗器、牵引逆变器、直线感应电机组成。

(1)受流器:功能是牵引和反向制动时受流器从受流轨获取列车所需的电能,再生制动时,受流器再向电网馈送部分再生能量。每个受流器通过滑板与受流轨接触,通过导线与车高压分线箱相连。车辆通过受流器从受流轨受流,每个 Mc 车有 2 对受流器。当任何一对受流器损坏时,其他受流器仍能保证列车正常运行。一节 Mc 车厢受流器满足整车的供电要求,保证在两对受流器故障时,其他 2 对受流器能给整列车提供电流,在 3 对受流器故障时,列车减半功率运行。受流器额定电压为 DC1500V,额定电流为 600A。受流器如图 4-33 所示。

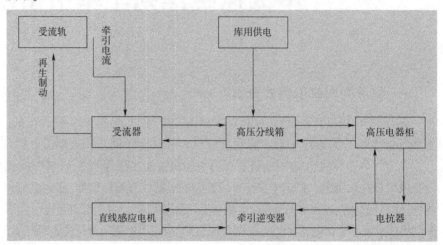

▎图 4-32
牵引传动系统工作流程

(2)避雷器:避雷器的主要作用是当车体遭到雷击时,雷击电流按照车体—悬浮模块—空气(悬浮间隙)—轨道的顺序流动;当正极轨遭到雷击时,避雷器保护车辆电气设备不受雷电影响而破坏。避雷器额定电压为 DC2400V,标准放电电流为 10kA。

(3)高压分线箱:高压分线箱通过电缆与第三轨相连,保证母线 DC1500V 电压可以通过高压分线箱送至牵引回路,高压分线箱还通过电缆与高压电器柜相连,对高压电器柜提供库内供电和第三轨供电两种方式的电源。

(4)高压电器柜:它的基本功能是作为牵引逆变器直流回路的预充电和快速放电单元,对牵引逆变器以及整个系统进行保护。高压电器柜作为整个系统的重要组成部分,在主电路结构上位于高压分线箱之后,电抗器和牵引逆变器之前,主要由高速断路器、接触器及相关的辅助器件组成,高压电器柜安装于车体下,能适应风、沙、雨、雪、冰雹及气温改变等气候条件,具有较强的抗腐蚀能力;箱体采用不锈钢材料;漏电流超过 50A 时执行保护动作,跳开主断路器;牵引主电路中电流大于 1500A 时,跳开主断路器。

(5)电抗器:其主要作用是实现对牵引系统主电路直流侧电压波动的限制和避免高次谐波对电网及轨道信号的影响。此外,在逆变器发生故障时,电抗器则限制直流电流的上升率,以便在检测到逆变器故障时,有时间让高速断路器在电流限值内分断,以避免逆变器短路而对电网产生冲击。当出现过流时也可以通过熔断主熔断器进行保护。当线路中出现尖峰电压时,通过滤波电抗器吸收,滤波电抗器如图 4-34 所示。

▇ 图 4-33
受流器

▇ 图 4-34
滤波电抗器

(6)牵引逆变器:它的基本功能是把从供电电网获得的直流电压变换成频率和幅值都可调的三相交流电压,给直线感应电机供电。逆变器主电路采用两电平电压型三相逆变电路,功率器件采用绝缘栅双极晶体管。VVVF(可变电压)逆变器由三相逆变器模块与过压保护斩波器模块组成,采用恒滑差频率控制方式。每辆车的牵引系统包括 1 台 VVVF 逆变器,每台逆变器给 10 台直线感应电机供电。VVVF 逆变器装置与各车辆独立安装,即使其中一个发生故障,也可保证列车继续减速运行。特点:主要部件模块化设计,易于安装、拆卸和维修;柜体轻量化、小型化设计,节约空间;低感母排技术,无吸收电路;热管冷却方式,无环境污染;噪声小;再生制动,节约能源;有优良的动态响应;控制系统微机化、数字化、网络化、信息化等。

(7)直线感应电机:直线感应电机的工作原理是利用定子与动作器之间的"同性相斥,异性相吸"原理激发磁场,使动作器悬浮,同时产生推进力驱动动作器在悬浮状态下运动。

在磁浮列车中,直线感应电机能够产生直线作用力,使列车悬浮在轨道上,带动列车做直线运动,也可以利用电磁力的相互排斥反转使列车产生制动。

磁浮列车主要有两种电机,分别为短定子异步直线感应电机和长定子同步直线感应电机。

短定子异步直线感应电机原理:利用受电弓将三相交流电通入列车上的初级绕组,形成行波磁场。在行波磁场的作用下,在感应板上产生感应电动势和感应电流并且形成磁场,该磁场和行波磁场相互作用,产生电磁推力,牵引列车运行。

长定子同步直线感应电机原理:将三相交流电通入三相绕组中,会产生一个沿着轨道移动的行波磁场。在行波磁场和由低温超导磁体形成的超导磁场的相互作用下,在列车上会产生排斥力与吸引力,其合力的方向为列车前进的方向,牵引着列车运行。

中低速磁浮列车制动系统

4.8

 想一想

磁浮车辆的制动方式与其他轨道交通车辆之间有什么异同点？

中低速磁浮列车是利用电磁力排斥的原理向前行驶和制动，一般采用电制动方式来降低列车速度，然后，再利用电制动的反接制动使列车再次降速；最后，利用空气制动使列车停止。本单元介绍了中低速磁浮列车制动系统原理。

一、制动方式的分类

由于中低速磁浮列车没有轮轨摩擦，所以中低速磁浮列车的制动系统为多阶段制动，分为电制动及空气制动。前者能进一步使列车降低速度，后者能使列车平稳制动停止。这两个制动方式相辅相成，以空气制动为主、电制动为辅，能够更好地制动磁浮列车，让乘客体验舒适乘坐感。

1. 电制动

电制动分为再生制动与反接制动。

再生制动：当磁浮列车制动时，直线感应电机的工作方式由牵引状态改为发电状态，此时，直线感应电机变成了发电机，将列车的动能转换为电能反馈给电网，列车收到电阻力的作用，从而降低运行速度，起到制动作用。

反接制动：直线感应电机反转产生制动力，进一步降低车速，起到制动作用。

若再生制动所发出的电能不再反馈给电网，则会在变电所的特殊电阻上以热的形式散发。

2. 空气制动

空气制动由基础制动装置组成，基础制动装置是摩擦制动力的执行机构，每节车5个悬浮架，左右悬浮模块各安装一套制动夹钳和闸片。

基础制动装置安装在悬浮架单元上，其中牵引装置与制动装置密不可分。牵引装置是车辆牵引力和制动力传递装置。

基础制动装置是车辆的机械制动力执行装置。通过列车控制按钮，基础制动装置中的制动夹钳在高压液压油作用下钳制轨道,产生的制动力通过制动拉杆依次传递至悬浮电磁铁、模块装配、牵引装置、滑台装置,进而传递至车体,实现车辆制动。其中快速制动、紧急制动为纯空气制动。

二、空气制动及供风系统原理

1. 空气制动系统

作用:磁浮列车在高速行驶的过程中,空气制动是制动过程中的重要环节,可使列车平稳制停,也是磁浮列车的紧急制动方式。

工作原理:总风缸向制动缸充气,制动缸排气推动液压油,电液控制单元组成输出的油压通过进油口注入主动夹钳油缸,将推动油缸内的活塞伸出,安装在油缸活塞的伸出件上的闸片立刻贴紧轨道,同时主动夹钳通过杠杆原理带动从动夹钳动作,从动夹钳反向贴紧轨道,随着油压的增大,主动夹钳上的闸片和从动夹钳上的闸片最终贴紧轨道进行摩擦,夹紧力越大,摩擦阻力越大,最终使列车减速或停车。

2. 供风系统功能

供风系统负责为列车提供并储存充足、干燥、洁净、压力合适的压缩空气。空气压缩机给总风缸充气,总风缸给制动风缸、悬挂风缸充气。

三、空气制动及供风系统组成

空气制动及供风系统由供风装置、基础制动装置、空气悬挂装置、救援支承装置、鸣笛装置等组成。下面选取重要部分加以介绍。

1. 空气制动的组成

制动夹钳:每节车5个悬浮架,左右悬浮模块各安装一套制动夹钳和闸片,由增压缸驱动,如图4-35所示。

常导中低速磁浮列车的机械制动采用了气-液制动方式,为了减小制动器的体积,制动的工作介质采用液压油。

■ 图 4-35 制动夹钳

2. 供风系统的组成

(1)供风装置

供风装置主要由变频器、供风单元(空气压缩机组、空气干燥器、过滤器、压力开关等)、安全阀、测试接头、塞门、单针压力表等部件组成。

(2)悬挂装置

悬挂装置用于控制车辆地板,确保其在设定的高度,使之不随载荷的变化而变化,系统采用四点调平式。其主要由辅助气控单元、悬挂风缸、高度阀、差压阀、塞门等部件组成。

悬挂风缸负责给空气弹簧充气，空气弹簧位于车体以及悬浮架之间，空气弹簧在两者之间起减振作用，保持车身稳定。

空气悬挂装置包括空气弹簧和下滑台。空气弹簧的顶部安装在下滑台上，空气弹簧的底部安装在悬浮架上；下滑台的两侧分别设有进气口。

高度阀和差压阀是磁浮空气弹簧悬挂系统中的重要部件，高度阀与差压阀的状态好坏直接影响到空气弹簧是否能正常工作，也影响到空气制动系统能否正常作用。

①高度阀。

高度阀主要用途是维持车体在不同载荷下都能与钢轨轨面保持一定的高度。其旋柄与悬浮架悬挂装置的连杆相连，通过平衡状态、充气状态及排气状态共三种状态实现对车辆地板高度的控制，当列车载荷发生变化时，高度阀就可以根据列车载荷的增减情况自动增减空气弹簧中的空气量，从而使空气弹簧的高度保持最佳状态，保证前后车辆之间的可靠连挂，如图 4-36 所示。

■ 图 4-36
高度阀

②差压阀。

差压阀（图 4-37）主要用途是保证一个转向架两侧空气弹簧内部空气压力之差不能超过限值，从而保证行车安全。左右两个空气弹簧内压之差超过定值时，差压阀自动沟通左右空气弹簧，使压差维持在规定范围，从而确保列车行车安全。

(3) 救援支承装置

救援支承装置在磁浮列车遇到故障时，能够快速支承起列车，救援迅速。钢轮的 L 型限位槽的限位作用能够保证磁浮列车在牵引车的牵引下不偏离轨道，被牵引至维修区域，不占用轨道空间，整个装置不需要弹簧，如图 4-38 所示。

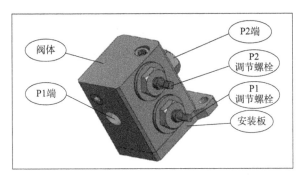

■ 图 4-37
差压阀结构

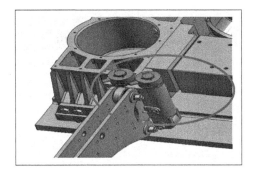

■ 图 4-38
救援支承装置

教学做一体化训练

知识测试

一、填空题

1. 中低速磁浮车辆的悬浮系统主要包括_____、_____和_____。

2. 中低速磁浮列车的车钩有_____、_____、_____三个作用位,以完成车辆的连挂和分离作用。

3. 中低速磁浮列车的制动系统为多阶段制动,分为_____制动和_____制动。

二、简答题

1. 中低速磁浮列车的车体组成有几部分?

2. 请描述中低速磁浮列车车门的开关门功能。

学中做

小组分工,根据图 4-39 ~ 图 4-41,查阅资料,简述磁浮车辆的悬浮、牵引原理。请小组代表分享学习成果。

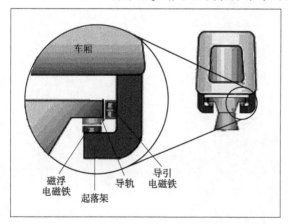

■ 图 4-39

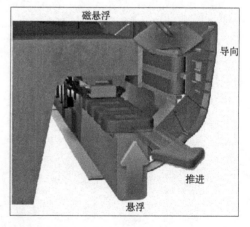

■ 图 4-40

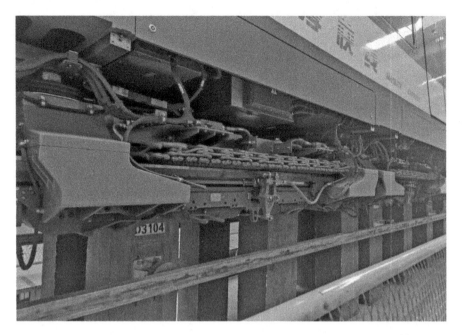

图 4-41

模块 5 中低速磁浮交通信号与通信系统

模块描述

通过对中低速磁浮交通信号与通信系统的学习，并结合线上线下自主学习，可理解磁浮交通信号与通信系统的特点并掌握相关技术要求，掌握列车自动监控（ATS）、列车自动防护（ATP）、列车自动运行（ATO）、计算机联锁系统（CI）、数据通信系统（DCS）和维护监测子系统等方面的知识。通过人工办理列车进路，手摇道岔实训演练，可提升在设备故障情况下的应急处突能力，培养遵章守纪、爱岗敬业、精益求精的职业素养。

知识目标

1. 知道中低速磁浮交通信号系统的技术要求及信号机的显示。
2. 知道ATS构成及基本功能。
3. 知道ATP构成及基本功能。
4. 知道并掌握ATO构成及基本功能。
5. 知道CI。
6. 知道磁浮交通通信系统构成及基本功能。
7. 知道数据通信系统和维护监测子系统。

技能目标

1. 能看懂信号设备平面布图，理解信号机的显示状态及含义。
2. 掌握中低速磁浮交通ATP、ATO、ATS、CI系统基本功能及相互间的关系。
3. 能够判断识别信、联、闭常见设备故障，会人工办理进路。

思政目标

1. 通过学习中低速磁浮交通信号设备，体会我国磁浮交通自主创新历程。
2. 通过人工办理进路规范演示，培育爱岗敬业、遵章守纪的职业素养。
3. 从磁浮交通信号技术自主创新及新技术的运用中，增强民族自豪感和自信心。

建议学时

6课时

中低速磁浮交通信号系统基本技术

5.1

一、中低速磁浮交通信号系统基本技术要求

中低速磁浮交通的信号系统设备须按 24h 不间断运行的要求进行设计。

中低速磁浮交通信号系统的设备配置应有利于行车组织和运营管理，遵循右侧行车原则。

中低速磁浮交通信号系统应具有灵活的控制模式、降级运营模式，还应具备连续式通信列车、非通信列车混合运行的能力。

中低速磁浮交通信号系统应确保在线路最大上坡道上及任何负载情况下，与列车牵引及制动系统协调完成列车的正常启动，且不发生列车后溜现象。ATO 模式下驾驶的列车在线路上（特别是上坡、下坡、变坡点）运行应避免不必要的牵引变换，使列车运行保持平稳，保证乘客的舒适度。

中低速磁浮交通信号系统须具有统一的时钟，包括但不限于 ATS 子系统、ATP 子系统、ATO 子系统、CI 子系统、DCS 子系统、维护监测子系统等。

二、信号机设置及显示

1. 信号机设置原则

（1）设置于列车运行方向的右侧

磁浮交通线路分为正线、辅助线、车辆段线。正线为双线，磁浮交通线路采用右侧行车制。无论在正线还是在车辆段，其地面信号机均设置于列车运行方向的右侧。信号机的布置应考虑线路弯道、坡道、站台门、广告牌、消防水管等因素，确保信号机显示距离满足相关要求。特殊情况下可设置在列车运行方向的左侧或其他位置，且在相关规章中作出明确规定。

（2）信号设备不得侵入磁浮交通设备限界

设备限界是用于限制设备安装的轮廓线，信号机不得侵入设备限界。

2. 正线信号机

中低速磁浮交通区间设置双线右侧运行的信号机，具体位置根据线路列车运行间隔设置。

以长沙磁浮快线正线信号系统为例（图5-1），正线常用的信号机包括：

(1) 防护信号机

在正线道岔区、正方向行车车站端部及其他须防护的特殊位置（如车辆段与正线转换区段等处）设防护信号机，另外在长大区间为满足通过能力需要设置信号机进行区段分割。其余轨旁均不设地面信号机。道岔防护信号机为三显示信号机，采用红、绿、黄三灯位信号机构，其显示方式及意义见表5-1和图5-2。

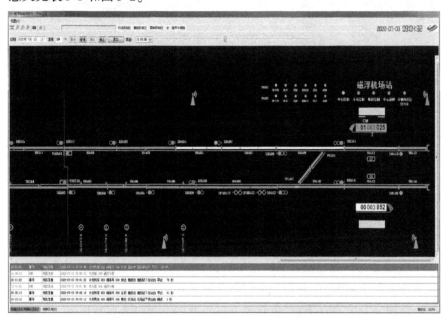

■ 图 5-1

长沙磁浮快线正线信号系统示意图

信号正线子系统信号机显示方式　　　　　　　　　　表 5-1

序　号	信号灯显示	行车指示	备　注
1	一个红色灯光	禁止越过该信号机	禁止通行，列车在信号机前停车
2	一个绿色灯光	允许越过该信号机	允许通行，进路中的所有道岔开通直向
3	一个黄色灯光	允许越过该信号机	允许通行，进路中至少有一组道岔开通侧向
4	一个红色灯光加一个黄色灯光	引导信号，允许越过该信号机	引导信号，允许列车以不大于25km/h的速度越过该信号机，并随时准备停车
5	灭灯	禁止越过该信号机	—

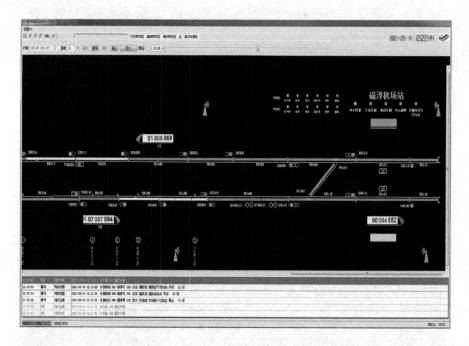

■ 图 5-2
长沙磁浮快线信号显示

(2) 阻挡信号机

在线路的尽头处设置阻挡信号机,指示列车的停车位置。每个阻挡信号机都有两个灯位,但只有一个红灯位有显示。

其显示及含义如下:红色灯光——不准列车越过该信号机。

(3) 车站出站信号机和区间分界点信号机

车站可根据需要设置进、出站信号机或仅设置出站信号机。长大区间为满足通过能力,需要设置信号机进行区段分割,区间信号机为二显示信号机。

出站信号机、区间分界点信号机及折返进路终端设置的阻挡信号机为绿、红二显示机构。其显示及含义如下:

① 绿色灯光——准许列车按规定的速度越过该信号机;

② 红色灯光——列车禁止越过该信号机。

(4) 虚拟信号机

虚拟信号指的是磁浮线路旁实际没有,仅虚拟设置于 ATS 操作终端的信号机。设置虚拟信号机的目的是,将其作为排列列车进路的始端或终端。

3. 车辆段信号机

车辆段(停车场)入口设置出、入段(场)信号机。

(1) 出段信号机,高柱二灯位信号机,显示方式见表 5-2。

出段信号显示方式　　　　　　　　　　　　　　表 5-2

序　号	信号灯显示	行车指示	备　注
1	一个绿色灯光	允许越过该信号机运行	—
2	一个红色灯光	停止(禁止越过该信号机)	—

（2）入段信号机,高柱二灯位信号机,显示方式见表 5-3。

入段信号显示方式　　　　　　　　　　　　　　表 5-3

序　号	信号灯显示	行车指示	备　注
1	一个白色灯光	允许进入车辆段	—
2	一个红色灯光	停止(禁止越过该信号机)	—

（3）在停车列检库库前及咽喉区设置出库、总出库、入库列车兼调车信号机;出库发车进路信号机显示方式见表 5-4。

出库发车进路信号机显示方式　　　　　　　　　表 5-4

序　号	信号灯显示	行车指示	备　注
1	一个蓝色灯光	禁止越过该信号机	运行至出段信号机前停车
2	一个白色灯光	允许越过该信号机	—

（4）其他地点根据需要设置调车信号机。车辆段内调车信号显示方式见表 5-5。

车辆段内调车信号显示方式　　　　　　　　　　表 5-5

序　号	信号灯显示	行车指示	备　注
1	一个蓝色灯光	禁止越过该信号机	—
2	一个白色灯光	允许越过该信号机	运行到下一个顺向调车信号机前

 想一想

地面信号常态灭灯时,列车怎样确认前方运行条件?

列车自动监控子系统 5.2

一、ATS 子系统概述

ATS 子系统是调度指挥中心行车调度员及车站行车值班员日常直接监视和操纵列车运行情况的设备。目前国内轨道交通市场负责 ATS 系统研发的主要公司主要有卡斯柯信号有限公司、上海电气泰雷兹交通自动化系统有限公司、浙大网新科技股份有限公司、湖南中车时代通信信号有限公司、交控科技股份有限公司等。ATS 系统主要是实现对道岔、信号机、计轴等设备运行状态的监督和控制,给行车调度人员显示全线列车的运行状态,监督和记录列车计划运行图的执行情况,在因故偏离计划运行图时及时做出调整,辅助行车调度人员对全线列车运行进行调整和监控。

ATS 子系统在 ATP 子系统和 ATO 子系统的支持下,根据列车运行图,完成对全线列车运行的监控,可自动或由人工监督和控制正线(车辆段、停车场除外)列车进路,图 5-3 所示为长沙磁浮快线 ATS 系统界面。

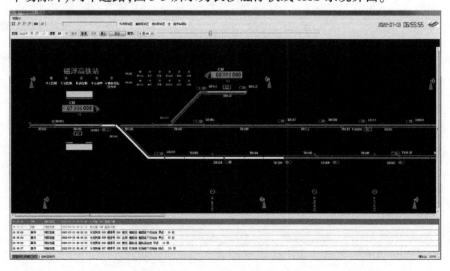

■ 图 5-3
长沙磁浮快线 ATS 系统界面

二、ATS 子系统构成

（1）ATS 子系统由位于控制中心、正线各车站、车辆段（停车场）等处的 ATS 设备通过网络及传输设备构建而成，如图 5-4 所示。

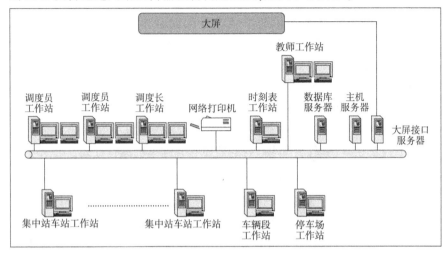

■ 图 5-4
ATS 结构示意图

控制中心 ATS 设备组成：行车调度工作站、调度主任工作站、在线运行图工作站、大屏接口计算机及运行图编辑室、培训室、中央信号设备室设备。

正线各车站 ATS 设备组成：现地控制工作站、ATS 车站服务器、发车指示器。

车辆段 ATS 设备组成：车辆段值班工作站、ATS 派班工作站、现地控制工作站、ATS 服务器。

（2）ATS 子系统应采用双通道冗余的工作方式，主通道故障时自动切换至备用通道传输数据信息，主、备通道的切换应保证数据传输的连续性，系统应能确保实时、连续、正确显示和控制功能。

（3）车站控制室 IBP 盘应与车站 ATS 工作站上显示的列车运行方向一致，车站 ATS 工作站显示画面的布置应符合线路的实际情况。

（4）在各车站站台端部（列车运行正方向）设置列车发车计时器，主要用于指示运行列车的发车倒计时。

ATS 子系统采用分散自律调度集中控制模式，当某一车站或停车场的 ATS 控制设备发生故障时，不影响整个 ATS 系统的工作。

三、ATS 子系统功能

ATS 子系统主要负责列车运行的监控，实现进路自动设置，按时刻表控制列车的运行，提高运营管理水平、服务水平，降低工作人员劳动强度。

ATS 子系统具有以下功能。

1. 列车自动识别、跟踪和显示

ATS 子系统采用列车识别号的移动和有关信号设备的状态变化来自动模拟和描述监控范围内列车的实际运行。

列车识别功能：即列车识别号/车次窗的创建、修改及删除功能。列车识别功能（列车识别号/车次窗的创建、修改及删除）可自动实现，也可通过人工命令实现。ATS 系统在线路适当位置部署显控设备，为调度管理人员提供站场行车信息的显示。

ATS 系统同时具备停车场内列车车组号跟踪功能。在车辆段（停车场）设置的 ATS 终端，能向车辆段（停车场）管理及行车人员提供必要的信息，用于列车在车辆段（停车场）内的监控和编制车辆运行计划。

2. 列车运行图/时刻表的编制及管理

运行图是 ATS 子系统组织列车运行的基础，规定了列车运行计划。列车基本运行图的编制通过运行时刻表编辑工作站完成。ATS 系统维护三类运行图：基本运行图、当天计划运行图、实迹运行图。运行图编制过程中能自动进行冲突检查并给出明确提示。在工作站上，能将当时的实施运行图、实迹运行图用不同颜色在一个画面进行比较。每日运行完的实迹运行图可以存入数据库内长期保存，列车运行图如图 5-5 所示。

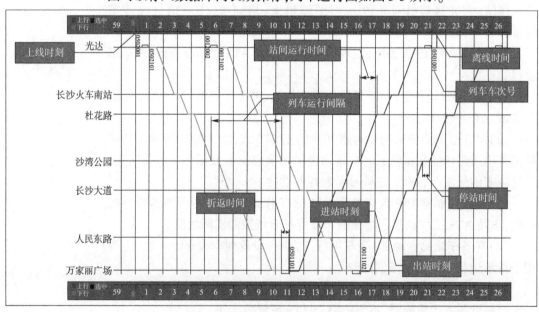

■ 图 5-5
列车运行图

3. 列车进路的控制

列车进路的控制包括自动控制和人工控制两种方式。正常控制模式为控制中心自动控制。ATS 子系统可在列车的位置报告和列车的服务信息的基础上,按预先确定的排列进路的原则或是 ATS 使用者(调度员)的直接操作,自动或是人工排列进路,并具有自动通过进路、自动触发进路设置功能。

4. 列车运行的调整

ATS 系统对照时刻表/行车间隔,自动监测线路区域内的列车运行。当列车的实迹运行图与计划运行图发生偏差时自动发出偏差报警,并根据列车实迹的偏离情况自动或人工生成列车运行图,ATS 子系统根据调整要求控制列车运行。

自动调整:计划偏离时间 ≤ 自动调整预设时间门限,ATS 子系统自动实施调整。

人工调整:计划偏离时间 > 自动调整预设时间门限,ATS 子系统提示人工干预。

5. 操作和运营数据记录、输出及统计

系统能自动进行运行统计,内容包括列车报告、车站报告、车次号报告以及各种运行指标等。

运营记录:ATS 子系统提供线路运营情况的记录功能,并可通过回放软件为调度人员重现某时间段的站场监控情况。

统计分析:ATS 子系统记录人工操作命令、信号设备状态变化、列车运行状态变化、通信状态等相关事件并形成日志,用于故障分析、事故定位、运营统计及优化改进等工作。所有动态操作和有关行车及设备运行的数据均以适当的格式统计、记录并打印输出。

6. 系统监视报警功能

ATS 子系统在运行模拟屏及调度台显示器上能对停车场线路、正线车站及区间轨道区段、道岔、信号机、列车识别号、在线运行列车状态、命令执行情况及系统设备状态等进行监视,所有对运行控制指令的实施过程及结果均有清晰明了的表示和必要的记录。当列车运行或信号设备发生异常时,控制中心计算机自动地将有关信息在行车调度员(简称行调)工作站上给出声、光报警及故障源提示。通过诊断服务,工作站可对 ATC 系统各设备的状态进行监测。

7. 控制级别管理

ATS 子系统与 CI 子系统配合,为正线各联锁区提供四种控制模式,即 ATS 中心控制、ATS 正常车站控制、ATS 降级车站控制、CI 控制,如图 5-6 所示。这四种控制模式之间可进行人工切换;出现系统故障时,可自动转换。ATS 控制时,系统根据运行图自动指挥列车运行,调度员可通过人工命令随时干预。

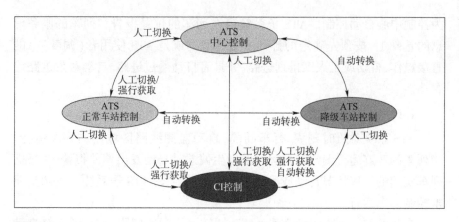

图 5-6
四种控制模式

8. 模拟培训

ATS 模拟培训设备主要为行车调度员及维修人员提供 ATS 系统的模拟运行和操作培训。ATS 模拟培训系统主要由模拟培训服务器、培训教师工作站、培训学员工作站组成,三者相互配合,为培训学员提供各种培训场景。

9. 与其他系统交换信息

在控制中心,中央级 ATS 与时钟系统、无线传输系统、综合监控系统、PIS 系统,提供或接收各系统联动或为了提高运营安全效率所需的信息。

10. 人员及设备权限管理

人员权限管理:用户管理功能,用户的创建、删除、权限配置及登录信息配置。

设备权限管理:用户通过输入正确的用户名及密码组合的方式实现设备登录、关闭功能。正线以联锁区为单位进行控制权划分,任何联锁区同一时刻只能且必须由一台 ATS 终端设备监控。

 想一想

若 ATS 发生故障,应该如何处理才能保障列车运行安全?

列车自动防护子系统　5.3

一、ATP 子系统概述

ATP 子系统是保证列车运行安全的设备,提供列车运行间隔控制及超速防护,满足"故障-安全"原则。为确保系统的高可靠性和高安全性,采用高可靠性、高安全性硬件结构和软件设计,采取硬件、软件冗余措施,即 ATP 计算机系统须采用"三取二或二乘二取二"❶的安全-冗余结构,且 ATP 子系统与相邻有关系统间的通信通道应具有热备冗余配置。主备设备转换时间不应影响列车正常运行和司机正常驾驶。系统采用连续速度曲线控制模式,应确保系统满足正线列车运营间隔、设计追踪间隔、交路折返站折返间隔、出入场能力、旅行速度等的运营要求。

长沙磁浮快线交通信号系统为点-连式 ATP 防护系统,整个信号系统主要由以下 5 个子系统构成:列车自动监控(ATS)子系统,列车自动防护(ATP)子系统、计算机联锁系统(CI)、数据通信系统(DCS),以及维护监测子系统。ATP 子系统主要由轨旁设备和车载设备组成。地面设备通过计轴设备检测列车轨道物理占用信息,在固定点位置通过应答器向车载设备传输信息,实现相邻信号机之间的固定闭塞控制。在站台区和道岔区增加车地通信设备,向车载设备传输实时的信号机状态信息,实现信号机接近区段的点-连式 ATP 防护功能。在站台区域,当列车接近信号机时采用无线设备来传输信号机的状态,使移动授权信息能及时更新,提前预告授权信息,防止列车冒进信号。当列车驶入站台前,需要确认车地无线通信已建立,如未建立,列车将会以推荐速度驶入站台区域。在站台区域通过使用连续式通信方式实现车门-站台门的安全联动功能。

二、ATP 子系统组成

ATP 子系统设备由车站、轨旁设备和车载设备组成,具体包括:
(1) ATP 轨旁单元;
(2) 计轴;
(3) 每一列车的每个驾驶室有一个 ATP 车载单元;

---

❶ ATP 的核心控制部件采用的架构方式。

(4）对应每个 ATP 车载单元有两个速度脉冲发生器；

(5）对应每个 ATP 车载单元有两个 ATP 天线；

(6）对应每个驾驶室有操作和显示装置；

(7）必要的通信线路；

(8）在车站附加的 ATP 定位环线。

运营列车均应装设车载 ATP 设备。车载 ATP 设备配置要求：每列车头尾两端各设一套车载 ATP 设备，两端车载设备应自成系统，设置在一端的车载系统控制不依赖于另一端的终端设备，如图 5-7 所示。

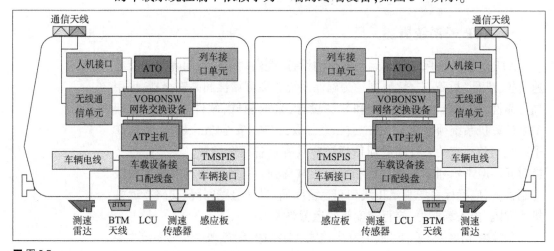

■ 图 5-7

ATP 车载设备

在司机控制台上设置车载信号设备的人机界面的显示器和司机操作的按钮和指示灯。车载信号设备的人机界面的显示器采用至少 10.2 英寸（1 英寸 =2.54 厘米）的高分辨率的彩色显示屏，显示器的配置位置、倾角、显示面板的大小应方便司机监视。在列车运行过程中系统应保证在不连续丢失 2 个位置校准设备（应答器等）的情况下，列车正常运行不会受到影响。

三、ATP 子系统功能

ATP 子系统是保证列车运行安全的系统，应满足故障-安全原则。ATP 子系统具有如下功能。

1. 列车定位/测速

在 ATC 系统中，列车在进入 ATC 区域时或 ATC 设备故障修复后，系统能进行列车定位功能的初始化，自动确定列车位置而不需要人工输入列车位置和列车长度。列车定位和测速功能必须提供足够的分辨率和精确度，以满足安全行车的需要。系统通过计轴设备实现对非装备列车的位置监测及后备模式下对列车和列车进路的安全控制，并且可支持装备列车和非装备列车的混合运营。

2. 列车间隔控制

ATP 子系统通过实时车-地双向信息传输,连续地将 ATP 防护范围内列车识别号、位置、速度、方向等信息传输至轨旁设备,并根据线路等条件进行必要的列车安全间隔计算后发送给列车。车载 ATP 设备给出最大的允许运行速度,保证前行与后续列车之间的安全间隔,在绝对保证列车运行安全的同时,满足正向行车时的行车间隔和折返间隔。对于装备列车和非装备列车混合运营以及系统降级模式,ATC 系统可控制后续列车禁止进入前行列车占用的轨道区段。

3. 列车超速防护和制动保障

车载设备在 ATP 安全制动模型约束下,能根据速度-距离曲线连续地计算速度曲线,在建立、监测和执行 ATP 防护速度曲线时,系统确保在故障情况下,列车的实际运行速度不超过它的安全速度。当列车实际速度超过了同一位置上 ATP 防护速度曲线上的速度时,系统必须马上采取制动措施。车辆段(停车场)ATP 防护下人工驾驶模式限制速度为 25km/h(根据道岔侧向通过速度确定)。

4. 列车倒退保护和零速度监测

系统监视实际列车运行方向并将其与 ATC 建立的运行方向相比较。列车监视到一个超过规定范围的倒退运行时,应立即启动紧急制动措施。列车到达规定的停车位置停车后,必须进行零速度检查。在零速度检查确定前,禁止打开或关闭常客车厢的车门。

5. 车门及站台门的安全监控

运行中的列车应连续检查列车车门的状态,在车门因故开启时应立即实施紧急制动。参考《中低速磁浮交通设计规范》(CJJ/T 262—2017),只有列车停在站台区,并满足站台门对准停车范围(±0.3m)要求的情况下,ATP 子系统才允许 ATO 子系统向列车发送开、关车门指令,以及向站台门控制系统发送开、关站台门的控制命令。允许列车以不大于 5km/h 的速度前进或后退,达到停车精度位置,最大移动距离不大于 5m。开左、右门应考虑站台的位置和运行方向,车门及站台门关闭后,才允许启动列车。对反方向运行的列车,车门及站台门的监督和控制由司机负责。

6. 站台紧急停车功能

在每个车站的车控室、站台设紧急停车按钮。当按下紧急停车按钮后,站台区域及接近站台区域的列车应实施紧急制动。

想一想

ATP 系统是如何保证列车行车安全、提高运营效率的?

列车自动驾驶子系统 5.4

一、ATO 子系统概述

ATO 子系统设备须满足隧道限界、天气、振动、维护等方面的要求,适应磁浮交通的环境条件,应能防水、防尘。

二、ATO 子系统构成

ATO 子系统由地面设备和车载设备组成。ATO 子系统实现列车自动驾驶的功能,采用高可靠性的硬件结构和软件设计,采取冗余措施。ATO 子系统的配置数量和地点与 ATP 子系统的配置相一致。运营列车均装设车载 ATO 设备,每列车头尾两端各设一套车载 ATO 设备。为实现列车在车站站台或折返线定点停车,在车站站台或折返线配置应答器等设备。

列车在正线、折返线按正常运行方向进行运行及折返作业时,系统以点-连式为常用模式,列车驾驶以 ATP 防护下人工驾驶模式为常用模式,而限制人工驾驶模式和非限制人工驾驶模式为非正常的运营模式(车辆段除外)。车辆段出入段作业均采用调车进路方式,具有车辆段调车防护功能,限速 25km/h。

列车驾驶模式中英文名称(具体英文全称见附录):
(1)自动模式(AM);
(2)ATP 防护下人工驾驶模式(CM);
(3)车辆段防护限制人工驾驶模式(DRM);
(4)限制人工驾驶模式(RM);
(5)非限制人工驾驶模式(NRM)。

AM、CM、RM、DRM 为信号提供防护的驾驶模式,NRM 为切除信号,由司机保障行车安全的驾驶模式。车载 ATP 在启动后使用 RM 作为默认模式。

下列情况下,将从较高级别的模式转换到 RM:
(1)由于离开点-连式、点式区域而转换到联锁级;
(2)司机预先选择了 RM 及 DRM;

（3）由于故障而不再能维持较高级别的模式时。

只有当司机按压确认按钮以确认转换后，从 CM 降级到 RM 的转换才能被执行。列车在正线运行中降级到 RM 时，ATP 触发紧急制动，该紧急制动只有在司机确认降级到 RM 后才可以得到缓解。自正线返回车辆段时，在满足转换条件且经过司机确认后，可实现不停车直接转换为 RM。在出入段驾驶模式转换区域、道岔接近范围和道岔区、站台接近区、站台区、站台离去区设置车地连续式通信设备，驾驶室操纵台如图 5-8 所示，ATO 显示如图 5-9 所示。

■ 图 5-8
驾驶室操纵台

■ 图 5-9
ATO 显示

三、ATO 子系统功能

ATO 子系统是自动控制列车运行的设备。在 ATP 的保护下，根据 ATS 的指令实现列车的自动驾驶，能够自动完成对列车的牵引、巡航、惰行和制动的控制，确保达到设计间隔及旅行速度。系统具有以下功能。

1. 合理控制列车自动运行

列车的启动、停止和速度调节必须按司机指令或 ATS 的输入，由 ATO 子系统控制执行。ATO 子系统是在 ATP 的保护曲线下定列车的运行曲线，实现对列车运行状态的合理控制，自动完成列车的启动、加速、巡航、惰行及制动等，控制列车运行速度，对牵引及制动控制满足舒适度的要求。实现在出入段线、正线站间自动运行，追踪间隔满足设计要求。

2. 车站精确停车

ATO车载设备根据ATP的保护曲线,合理制定列车进站停车ATO运行曲线,通过地面应答器、环线等措施对停车过程进行位置校准,调整制动,保证停车精度。ATO模式的停车精度要求为±0.3m。

3. 车门、站台门的控制

能根据停车站台的位置及停车精度对车门及站台门进行监控,ATO可自动开启关闭车门及站台门(当开门模式选择自动状态时)。ATP监督停车误差在允许范围内,(±0.5m)运行方向、开门侧均正确后才允许开车门。

4. 无人自动折返

在折返站,ATS根据计划自动排列折返进路,根据ATS提供的进路信息,在人工启动确认后,ATO控制折返列车进入有人或无人自动折返模式,并对列车驶离站台、进入折返线、自动换端、驶出折返线、进入站台对位停车全过程进行控制,ATP对全过程进行监督。

5. 列车运行自动调整

根据ATS指令,实时调整列车运行曲线,控制列车按调整要求运行。

6. 列车节能运行控制

根据ATS指令选择最佳运行工况,达到列车运行的节能控制。

 想一想

ATS、ATP、ATO三者之间的关系是什么?它们如何保证行车安全?

计算机联锁子系统 5.5

一、联锁

1. 联锁的基本概念

联锁是城市轨道交通信号系统保证行车安全的重要技术设备和措施。通过技术方法,使城市轨道交通信号、道岔和进路之间建立起来的相互作用、相互制约的关系称为联锁关系,简称联锁。实现联锁关系的设备称为联锁设备。

进路是指列车或调车车列在车站内及车辆段内行驶所经过的径路。进路从作业性质上划分为列车进路和调车进路。

2. 联锁关系的基本内容

联锁关系是防止列车冲突(正面冲突和侧面冲突)的安全措施之一,也是提高列车运行效率的重要设备保障。

联锁关系主要有以下几点:

(1)进路上区段必须处于空闲无车占用时,防护该进路的信号机才能开放。

(2)进路上有关道岔必须在规定的开通方向,且处于锁闭状态,防护该进路的信号机才能开放。

(3)敌对信号未关闭时,防护该进路的信号机不能开放。

(4)当信号开放后,进路上有关道岔不能再转换,其敌对进路、抵触进路不能建立,敌对信号不能开放。

(5)信号机的显示必须与进路的开通状态一致。

联锁关系包括道岔与进路间的联锁,道岔与信号机之间的联锁,进路与进路间的联锁,如图5-10所示。

二、计算机联锁

计算机联锁系统是利用计算机逻辑关系,实现道岔、信号机、轨道区段间正确的互相制约关系及进路控制的安全设备,与 ATP 相结合,共同完成列车运行的安全防护。

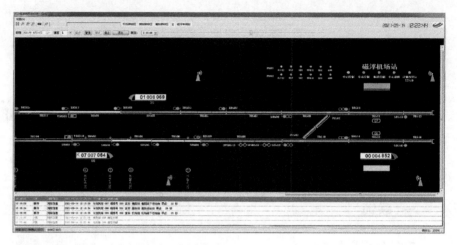

图 5-10
联锁系统示意图

(1) 计算机联锁设备的主要功能为:

①按正确的联锁关系设定、解锁列车进路。

②根据不同的情况,具有进路接近锁闭、立即解锁、延时解锁的功能。

③能在控制工作站上对设备集中站控制范围内的道岔实行单独操纵、单独锁闭及对列车开放引导信号,还能对道岔、信号机、轨道区段等信号控制元素实施封锁。

④联锁子系统与 ATP 子系统相接,实现联锁进路和移动授权之间相互锁闭、相互照查。

⑤与站台门、联络线等其他系统接口,实现接口信息的传递,结合 ATP,共同实现接口功能和安全防护。

(2) 以长沙磁浮快线为例,其采用 TYJL-Ⅲ型计算机联锁设备,进路、信号机和道岔由运营控制中心(OCC)集中控制。

①逻辑运算功能。系统接收调度员或车站值班员的进路命令,进行联锁逻辑运算,实现对道岔、信号机和进路的控制。

②计轴信息处理。处理列车监测功能的输出信息,以提高列车监测信息的完整性。

③进路控制。设定、锁闭和解锁进路。

④道岔控制。单锁、单解、转换道岔。

⑤信号机控制。确定信号机的显示及状态。

三、计算机联锁子系统与 ATS 子系统的关系

计算机联锁子系统是 ATS 子系统的逻辑基础,也是 ATS 子系统的基础设备,只有在计算机联锁的基础之上,才能实现 ATS 子系统功能,才能实现 ATO,如图 5-11 所示。

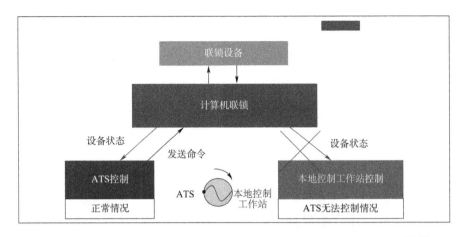

■ 图 5-11
计算机联锁子系统与 ATS 子系统的关系

想一想

在联锁失效的情况下,车站还组织行车吗?如果行车,应采取哪些安全措施?

5.6 信号维护监测子系统

信号维护监测子系统是信号系统的重要组成部分,主要实时在线监测外电网、电源屏、信号机等信号设备的模拟量、开关量、状态、报警等信息,同时将计算机联锁(含 LEU 及应答器信息)、智能电源屏、道岔控制系统、智能灯丝、ATS、DCS(ATP)、计轴等设备的维护信息纳入其中,建立一个综合维护监测平台,实现对信号系统各设备的集中维护、监测和管理,从而实现信号设备维护管理的信息化、科学化和智能化。

信号维护监测子系统是保证行车安全、加强信号设备管理、监测信号设备状态、发现信号设备隐患、分析信号设备故障原因、辅助故障处理、指导现场维修、反映设备运用质量、提高信号部门维护水平和维护效率的重要行车设备。

信号维护监测子系统把传感器、现场总线、计算机网络通信、数据库及软件工程融为一体,通过监测并记录信号设备的主要运行状态,为信号人员掌握设备的当前状态和进行事故分析提供科学依据。同时,系统还具有数据逻辑判断功能,当信号设备工作偏离预定界线或出现异常时,可以及时报警,避免因设备故障或违章操作影响列车的安全、正点运行。

一、系统构成

信号维护监测子系统应由维修中心、正线、控制中心、车辆段(停车场)的维护监测设备组成,主要包括维修服务器、维护工作站、信号集中监测设备、打印机、网络设备等。具体系统架构如图 5-12 所示。

各设备集中站、车辆段的集中监测站机系统通过监测网把各种监测信息送到控制中心服务器,控制中心和维护工班的监测终端可以查看网内各车站的监测信息,通过控制中心的监测工作站可以查看网内各站的网络连接等维护信息。

1. 设备集中站设备构成

设备集中站设备由信息采集机(综合采集机、开关量采集机等)、采集器件(电流采集器等)、监测站机、电源设备、网络设备、打印机和微机桌椅等构成。设备集中站需要和计算机联锁、智能电源屏、道岔控制系统、灯丝报警、计轴等设备进行接口。

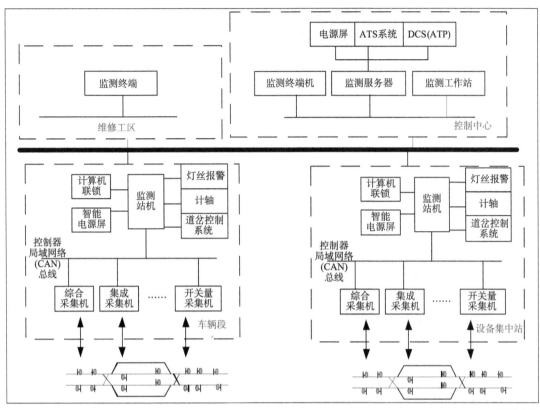

图 5-12
信号维护监测子系统架构示意图

2. 车辆段设备构成

车辆段设备由信息采集机(综合采集机、开关量采集机等)、采集器件(电流采集器等)、监测站机、电源设备、网络设备、打印机和微机桌椅等构成。车辆段需要和计算机联锁、智能电源屏、道岔控制系统、灯丝报警、计轴等设备进行接口。

3. 控制中心设备构成

控制中心设备主要由监测服务器(双机热备冗余配置)、磁盘阵列、网络设备、电源设备、打印机和防雷等设备构成。此外,控制中心还配有监测工作站和监测终端机。

(1)监测工作站设备构成:工作站、显示器、网络设备、电源设备、微机桌椅等。

(2)监测终端设备构成:工作站、显示器、网络设备、电源设备、微机桌椅等。

二、工作原理

信号维护监测子系统主要由采集机、站机和中心服务器以及监测终端、监测工作站等组成。采集机(下位机)负责各种信息采集;站机(上位机)负责各种信息的处理、显示、人机对话、远程通信等;中心服务器负责管理维护监测子系统的数据、显示、通信等功能,同时负责和各个车站及监测工作站的通信;监测终端负责和中心服务器通信,通过中心服务器调阅各个车站的数据。站机和采集机之间通过 CAN 总线通信,并与计算机联锁等系统接口;站机和中心服务器采用 TCP/IP 协议的广域网。

信号维护监测子系统采集机按功能划分为综合采集机、开关量采集机、集成采集机等。采集机可按照车站的规模进行灵活配置,采集机应尽量集中安装在信息采集机柜中,其采集器件可根据实际情况就近安装在被采集设备附近。

三、信号维护监测子系统功能

系统主要将 ATS、ATP、计算机联锁、DCS、智能电源屏、灯丝报警、计轴等系统设备的监测维护信息统一汇总,并实时在线监测外电网、电源屏、信号机、道岔等信号设备的模拟量、开关量、状态、报警等信息,建立一个综合维护监测平台,实现对信号系统各设备的集中维护、监测和管理,帮助运营维护人员发现信号设备隐患、分析信号设备故障原因、辅助故障处理、指导现场维修、反映设备运用质量、提高维护水平和维护效率。

其主要功能和监测内容包括:
(1)各子系统的运行状态;
(2)联锁系统各种关开量状态;
(3)外电网电源参数;
(4)电源屏电源参数;
(5)列车信号点灯电流;
(6)组合柜排架断路器报警;
(7)列车信号灯丝报警;
(8)电缆绝缘;
(9)电源漏流;
(10)所有信号设备的健康状态。

中低速磁浮交通通信系统

5.7

中低速磁浮交通的通信系统主要由专用通信、警用通信和商用通信三大系统组成。

一、专用通信系统

专用通信系统是为磁浮交通行车指挥及运营管理服务的必备通信工具,是各种信息系统传递信息的基础设施,也是向乘客和工作人员传递各种信息的设施之一。其主要由传输网,电话系统,无线通信系统,时钟系统,闭路电视监控系统,广播系统,乘客信息系统,电源系统,接地,集中告警系统,计算机网络,通信线路,车辆段安防,车站安检等组成。下面选取重要的系统展开介绍。

1. 传输网

传输网是通信网的基础,它为通信系统的其他子系统以及自动控制管理系统提供信息通道。传输系统的主要特点是其传输的业务具有多样性、可靠性和冗余性。其传输业务包括语音、光波、城市轨道交通信号及视频等。

2. 电话系统

电话系统包括公务电话系统及专用电话系统两大系统。

公务电话系统主要用于内部各部门之间的电话联系,为运营、管理、维修等部门的工作人员提供服务;公务电话系统能与市公用电话网连接,实现磁浮交通用户与公网用户间的通信;可向磁浮交通用户提供语音、数据、传真等通信服务业务。

专用电话系统是调度员和车站、车辆段值班员指挥列车运行和下达调度命令的重要通信工具,是为列车运营、电力供应、日常维修、环控救护提供指挥手段的专用通信系统。该系统可为控制中心指挥员,如行车调度员、电力调度员、环控调度员、维护调度员及总调度员等提供专用直达通信,并且具有单呼、组呼、全呼、紧急呼叫和录音等功能,同时可为站内各有关部门提供与车站值班员之间的直通通话,以及车站值班员与邻站值班员之间的直通通话。专用电话系统包括调度电话、站间行车电话、轨旁电话和站(场)内电话。

3. 无线通信系统

无线通信系统是保证行车安全、提高运输效率和管理水平、改善服务质量的重要手段。为满足运营需求，无线通信系统应能为固定工作人员（调度员、车站及车辆段值班员）与相关流动作业人员（司机、车站及车辆段勤务人员、维修人员、环控人员等）提供语音和数据通信服务。无线通信系统是由多个陆地集群无线电基站组成的，有线、无线相结合的网络。其由无线交换控制中心设备、网络管理设备、维护终端、调度服务器、调度台、陆地集群无线电基站、光纤直放站、列车车载台、固定电台、移动人员手持台等设备及传输通道构成。其中，专用无线通信系统的核心基础设备构成包括控制中心交换控制器、归属位置寄存器、访问位置寄存器、网管设备、调度服务器、基站、基站控制器等。

4. 时钟系统

时钟系统是磁浮交通运行的重要组成部分之一，其主要作用是为控制中心调度员、各车站各部门工作人员及乘客提供标准时间，以达到保证行车安全、提高运输效率和管理水平、改善服务质量的目的，也为其他系统的中心设备提供统一的时间信号，让各设备采用标准时间，如图5-13所示。

■ 图5-13
时钟系统

5. 闭路电视监控系统

闭路电视监控系统是轨道交通运营、管理现代化的配套设施，供运营、管理人员监控车站客流、列车进出站及乘客乘降情况，以加强运行组织管理，提高效率，确保运营安全正点。

系统采用车站和中心两级控制方式，车站级和中心级的监视与控制相互独立，中心各调度员之间的操作和控制也相互独立，系统与公安监控系统合设，设备维护管理为统一集中网络管理。

6. 广播系统

广播系统由运营线广播、车辆段广播两个独立系统组成。运营线广播系统主要用于运营时向工作人员发布作业命令和通知、通告列车信息以及安全、向导等服务信息，并兼作防灾及运营维护广播；车辆段广播系统是独立的广播系统，是车辆段内有关值班员向所管辖的区域进行作业指挥和生产调度的广播，能满足几个播音台同时对不同的播音区进行广播。

广播系统除了完成正常的客运广播、维修作业广播等公共音频信息广播功能外，还可以在发生突发事件时，兼作应急广播，指导乘客和工作人员进行疏散。

7. 乘客信息系统

乘客信息系统（PIS）依托多媒体网络技术，以计算机系统为核心，以车站和车载显示为媒介向乘客提供直观、醒目和多渠道、多媒体的视听导向和信息服务，如图5-14所示。

二、警用通信系统

警用通信系统为轨道交通范围内的治安服务，与公安系统的组织与管理密切相关。

三、商用通信系统

商用通信系统是公众通信网在城市轨道交通工程内特殊空间的延伸，主要解决公众移动通信在轨道交通范围内的正常使用。一般由移动通信引入、传输、集中网络管理、电源及接地等系统和通信线路组成。系统无线通信信号应覆盖每个车站的站厅、站台、商业街、出入通道等公共区域、全部地下隧道及车辆段。

■ 图5-14
PIS系统

教学做一体化训练

知识测试

一、判断题

1. 信号机设置于列车运行方向的左侧。　　　　　　　　　　（　）
2. 信号设备不得侵入车辆限界。　　　　　　　　　　　　　（　）
3. RM 是限制人工驾驶模式。　　　　　　　　　　　　　　（　）

二、简答题

1. ATS 系统功能有哪些？

2. ATP 系统功能有哪些？

3. ATO 系统功能有哪些？

4. 联锁及联锁关系的作用是什么？

学中做

（1）小组分工，根据图 5-15，识别并简述信号机类别、显示意义，光带的显示意义，识别并简述道岔的方向。

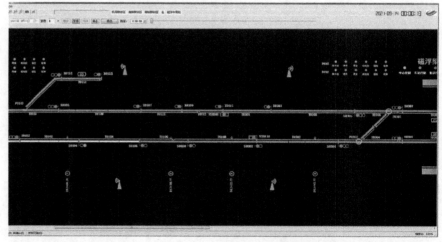

图 5-15

(2)阅读以下材料,小组讨论,请小组代表谈谈自己的感想。

磁浮行业的"大国工匠":2018 年在"新誉杯"全国城市轨道交通行业职业技能竞赛中获得第 15 名的陈海波,是湖南磁浮交通发展股份有限公司中心信号工班组长,是通过劳动竞赛和技能比武赛出来的"地铁工匠"。陈海波所在的中心信号工班组隶属于公司设备管理部通号车间,负责 OCC 调度大厅列车自动监控系统、微机监测系统以及包括新型磁浮道岔在内的计算机联锁系统的维护与检修工作。为了密切关注设备及系统的运行情况,陈海波和工友们能在设备出现问题的第一时间作出有效的判断及抢修,所以他们的工作基本上处于"5+2""白+黑"状态。长沙磁浮快线试运营,助力长沙率先成为全国集高铁、磁浮、地铁等交通于一体的现代化交通枢纽城市。长沙轨道交通人用执着、求精的工匠精神造就了今天的成绩。

通过长沙磁浮快线行业的"大国工匠"——陈海波的典型事例,请同学们感悟工匠精神,体味对信号系统的运行技术要求,结合磁浮交通行业的职业精神和素养,谈谈自己的感想。

模块 6 中低速磁浮交通供电系统

中低速磁浮交通概论

模块描述

通过对中低速磁浮交通供电系统的介绍，并结合线上线下自主学习，可了解磁浮交通供电系统的组成、供电方式，牵引变电所主接线及运行方式，接触轨系统、电力监控系统组成、系统功能和基本原理。

知识目标

1. 了解中低速磁浮交通供电系统的构成。
2. 认知中低速磁浮交通供电系统供电方式和主接线。
3. 了解中低速磁浮交通供电系统的运行方式。
4. 认知接触轨系统。
5. 认知电力监控系统。

技能目标

1. 能简述供电系统基本结构和功能。
2. 能简述接触轨系统基本结构和功能。
3. 能简述电力监控系统功能。

思政目标

1. 以国内中低速磁浮列车运行为例，感悟磁浮交通供电工作的重要性。
2. 通过了解供电调度员的工作，树立爱岗敬业的职业素养。

建议学时

4课时

中低速磁浮交通供电系统构成及供电方式

单元 6.1

一、中低速磁浮交通供电系统的构成

中低速磁浮交通供电系统是中低速磁浮交通系统的重要组成部分,是磁浮交通系统的动力来源。磁浮交通系统的动力来源是采用绿色环保的二次能源——电能,中低速磁浮交通系统各项运营设备包括牵引、制动、信号、通信、照明、空调、通风、电扶梯、自动售检票系统、FAS、BAS 等,它们都需要依靠电能运行。

中低速磁浮交通供电系统包括外部电源系统、主变电所/开闭所、中压供电网络、牵引供电系统、动力照明供电系统、电力监控系统和供电防护系统。牵引供电系统包括牵引变电所与接触轨系统;动力照明供电系统包括降压变电所。各构成的具体功能如下:

(1) 外部电源系统:直接从城市电网引入 AC110kV 或 AC10kV 外部电源,为供电系统的主变电所或开闭所提供电能。

(2) 主变电所/开闭所:接收城市电网提供的 AC110kV 或 AC10kV 外部电源,为牵引降压混合变电所转供中压电源(开闭所适用于分散式供电)。

(3) 中压供电网络:将 AC35kV 或 AC10kV 中压电源配至车辆段、各车站、各区间变电所。

(4) 牵引供电系统:将 AC35kV 或 AC10kV 中压电源,经整流机组降压整流变成 DC1500V 电压,为磁浮列车提供牵引电能。

(5) 动力照明供电系统:将 AC35kV 或 AC10kV 中压电源,经配电变压器降压变成 AC400V 电压,为运营需要的各种机电设备提供电源。

(6) 电力监控系统:对供电系统内设备、设施进行实时监视、控制和测量。

(7) 供电防护系统:继电保护装置、接地保护装置、防雷保护装置大多分散设置在各系统设备中,我们在实际运用中一般不单独描述。

二、外部电源供电方式

外部电源供电方式主要有集中式、分散式、混合式等不同形式。究竟采用何种方式,应通过计算确定需要的负荷之后,根据轨道交通路网规划、城市电网构成特点、工程经济实际情况综合分析确定。

1. 集中式供电方式

集中式供电方式是指在线路的适中位置专门设置主变电所,集中为牵引变电所及降压变电所供电的外部供电方式。根据总容量的要求设置主变电所,由发电厂或地方变电所进线形成 AC35kV 或 AC10kV 中压环网,再由环网对沿线设置的牵引变电所降压、整流为直流电(如 DC750V 或 DC1500V),从而对磁浮列车供电。另外,各车站机电设备需由降压变电所降压为 AC380V/AC220V,对动力、照明等系统供电。这种供电方式的中压网络电压等级应根据用电容量、供电距离、城市电网现状及发展规划等因素,再经过技术经济综合比较后确定。为了便于供电系统的统一管理,城市轨道交通供电系统目前较多采用集中供电方式。

集中式供电有利于城市轨道交通供电形成独立体系,便于运营管理和维护。上海、广州、南京、香港、成都、长沙等地铁部分线路采用集中式供电方案。

2. 分散式供电方式

分散式供电方式是指沿线分散引入城市中压电源直接为牵引变电所及降压变电所供电的外部供电方式。系统不设置主变电所,而直接由城市电网区域变电所的 AC35kV 或 AC10kV 中压输电线向中低速磁浮交通沿线设置的牵引变电所、降压变电所供电并形成环网。采用这种供电方式的前提是城市电网比较发达,并且在相关车站附近有符合可靠性要求的供电电源,其中压网络的电压等级应与城市电网相一致。分散式供电方式设置电源开闭所,可与牵引变电所合建。

以长沙磁浮快线为例,其供电系统采用 AC10kV 分散式供电方式,全线共设 3 座开闭所(与相邻的牵引变电所合建)。此外,沈阳地铁部分线路、长春轻轨、大连轻轨、北京地铁八通线、北京地铁 5 号线等也采用分散式供电方案。

3. 混合式供电方式

混合式供电方式,顾名思义就是以上两种方式的混合,即指对一条轨道交通线路,根据其沿线供电条件的不同,一部分采用集中式供电方式,另一部分采用分散式供电方式。

北京地铁部分线路、武汉地铁部分线路、青岛地铁南北线工程等采用混合式供电方案。长沙磁浮快线的延伸线路也将研究采用混合式供电方案的可行性。

中低速磁浮交通牵引供电系统主接线构成及运行方式

单元 6.2

一、中低速磁浮交通牵引供电系统主接线构成

牵引变电所的主接线由三部分组成：AC35kV 或 AC10kV 电源进出线，DC1500V 牵引供电线，AC400V 馈线。

1. AC35kV 或 AC10kV 侧接线方式

变电所 AC35kV 或 AC10kV 侧采用单母线分段接线方式，每段 AC35kV 或 AC10kV 母线设置一回进线电源，并设置母联断路器，每段母线均设置一组避雷器和电压互感器。

2. DC1500V 侧接线方式

(1) 变电所设置两套 12 脉波牵引整流机组，为保证两套整流机组输出均匀，两套 12 脉波牵引整流机组一次侧分别通过断路器接在同一段 10kV 母线上，并联运行构成等效 24 脉波整流，DC1500V 母线采用单母线方式。

(2) 变电所的整流器正极通过直流快速断路器或电动隔离开关与 DC1500V 正母线相连，负极通过手动隔离开关与 DC1500V 负母线相连。

(3) 变电所 DC1500V 侧采用单母线接线；正馈线开关均采用直流快速断路器，负馈线开关一般采用手动隔离开关。

3. AC400V 侧接线方式

(1) 每座变电所设置两台配电变压器，两台配电变压器一次侧分别通过断路器接在不同段 AC35kV 或 AC10kV 母线上。

(2) 变电所 AC400V 侧采用单母线分段接线方式，并设置母联断路器和三级负荷总开关。

(3) 400V 配电系统的接地形式采用 TN-S 制，配电变压器中性点直接接地。

二、中低速磁浮交通牵引供电系统运行方式

1. 开闭所运行方式

(1) 开闭所正常运行方式

在正常运行方式下，开闭所 AC35kV 或 AC10kV 母联断路器处于分断

状态,从城市电网引入的两路 AC35kV 或 AC10kV 外部电源分列运行,承担各自供电分区内的牵引负荷和动力照明负荷。

(2)开闭所非正常运行方式

①当开闭所一回 AC35kV 或 AC10kV 外部电源检修或故障时的运行方式。

当开闭所一回 AC35kV 或 AC10kV 外部电源检修或故障时,合上该开闭所 35kV 或 10kV 母联断路器,由另一回 AC35kV 或 AC10kV 外部电源向该供电分区的牵引负荷和动力照明负荷供电。

②开闭所解列情况下的运行方式。

当某座开闭所的两回 AC35kV 或 AC10kV 外部电源检修或同时故障时,通过环网分段开关倒闸作业,由相邻开闭所对该开闭所供电范围内的牵引负荷和动力照明负荷支援供电。

2. 中压环网运行方式

(1)中压环网正常运行方式

在正常运行方式下,每个供电分区均由两回 AC35kV 或 AC10kV 外部电源同时供电,中压环网分段开关均断开。

(2)中压环网故障运行方式

在供电分区的中压环网中有任意一路电缆故障时,断开故障电缆的进线开关,并合上对应变电所的母联断路器,由另一路电缆承担该变电所管辖范围内的牵引和动力照明负荷。

(3)中压环网应急运行方式

应急运行方式是指外部电源、电缆线路、开关设备等因素中,同时出现两个故障情况的运行方式,可分为双线路故障、一回外部电源和另一路线路故障以及两台进线开关故障等,此时供电分区需重新划分,确定新的开环点位置,并操作应急联络开关,恢复供电。

3. 牵引供电系统运行方式

(1)牵引供电系统正常运行方式

正常运行时,牵引降压混合变电所两路进线电源同时投入,两段 AC35kV 或 AC10kV 母线间的母联断路器断开,两段母线分别运行。变电所牵引供电系统的两套 12 脉波整流机组并联运行构成等效 24 脉波整流方式,电动越区隔离开关断开,相邻变电所的牵引供电系统向正线接触轨双边供电。车辆段变电所的牵引供电系统向车辆段接触轨单边供电。

(2)牵引供电系统非正常运行方式

①变电所牵引供电系统的一套整流机组退出运行时,另一套整流机组可继续运行。

②当正线任意一座变电所的牵引供电系统解列(首、尾站变电所除外)

时,由与该变电所相邻的两座变电所牵引供电系统进行"大双边"越区供电。

4.动力照明配电系统运行方式

(1)动力照明配电系统正常运行方式

变电所 AC35kV 或 AC10kV 母线和 AC400V 母线的母联断路器处于分断状态,两台配电变压器分别接在两段 AC35kV 或 AC10kV 母线上;低压 AC400V 侧采用单母线分段接线,通过低压开关向车站各动力照明负荷供电,并设三级负荷总开关,以便对三级负荷进行必要的切除。在正常运行方式下,两台配电变压器同时分列运行,共同承担供电区域内的动力照明负荷。

(2)动力照明配电系统故障运行方式

当变电所的一回 AC35kV 或 AC10kV 进线电源故障时,AC35kV 或 AC10kV 母线的母联断路器在满足合闸条件时自投,两台配电变压器并列运行,由该变电所另一回 AC10kV 进线电源承担其供电范围内的牵引负荷和动力照明负荷。当变电所的一台配电变压器故障解列时,AC400V 母线的母联断路器在满足合闸条件时自投,由该变电所另一台配电变压器承担该所供电范围的动力照明一、二级负荷。

6.3 中低速磁浮交通接触轨系统

中低速磁浮列车的速度一般为 100~200km/h,适用于城市公共轨道交通,包括市内交通、市郊交通、市中区至机场、中心城市至卫星城市及区域性城市群交通。城市轨道交通的特点决定了中低速磁浮列车的牵引供电须采用电流制,机车从相邻两变电所取电,即采用双边供电方式。其电压等级可选用国家推荐的 DC750V 或 DC1500V,变电所采用直流牵引变电所。

接触轨是将电能传输到中低速磁浮交通车辆上的装置。它是一种传统的电力牵引车辆供电形式,早在 1891 年就有接触轨雏形的产生,20 世纪 70 年代末出现了一种新型的接触轨——钢铝复合接触轨,德国在 1978 年建成了世界上第一段钢铝复合轨,运行长度 3.3km。钢铝复合接触轨以传输电流大、重量轻、安装方便而得到广泛应用,近几年我国城市轨道交通均采用钢铝复合接触轨。接触轨具有导电性能好,损耗小,维护少,可靠性高,安装位置包含在车辆限界之内,使用寿命长等特点。

1. 受流方式

接触轨系统由钢铝复合轨本体及附件、端部弯头、膨胀接头、中间接头、整体绝缘支架、电连接、防爬器、接地轨、接地扁钢等部分组成。接触轨系统根据受流方式的不同可分为上接触式、下接触式和侧接触式三种方式,如图 6-1~图 6-3 所示。

在常导磁浮交通系统中,由于磁浮交通车辆与地面无接触,必须采用至少两根接触轨,沿轨道梁两侧壁做刚性布置,一侧为正极,一侧为负极,通过车载受流器为车辆供电。长沙磁浮快线采用 DC1500V 侧接触式,接触轨正极(三轨)受电、负极(四轨)回流的方式,而地铁三轨系统多采用上接触式或下接触式。

2. 靴轨关系

磁浮列车是输送旅客的载体,本身不带电源,主要依靠受电靴与接触轨的接触受电;而接触轨一般是刚性、无偏转、固定地安装在轨旁车辆限界之外的支架上,其载流量的要求有 2000A、3000A、4000A、4500A 等规格,磁浮列车通过受电靴将电能引入车体主断路器,再经过变压器后提供给牵引电机,牵引电机通过齿轮传动驱动磁浮列车运行。因此,靴轨之间的关系也是运营部门重要检测和研究的对象,如图 6-4 所示。

目前,可用于侧部受流方式的接触轨主要有 C 型钢铝复合轨、工字型钢铝复合轨、T 型铜铝复合轨、汇流排＋接触线等四种形式。由于汇流排＋接触线、T 型铜铝复合轨存在工艺复杂、调整困难、安装不便、系统寿命较短等缺点,因此国内磁浮运营线路包括上海示范线(浦东国际机场—龙阳路地铁站)、长沙磁浮快线、北京地铁 S1 线、凤凰磁浮观光快线等,均采用了 C 型或工字型钢铝复合轨。

■ 图 6-1
接触轨上接触式

■ 图 6-2
接触轨下接触式

图6-3 接触轨侧接触式

图6-4 受流器与接触轨

侧部接触受流方式的结构较为简单、供电可靠性高、运营维护工作量小，在降低对环境影响、限界等方面均有一定的优势。相比地铁三轨系统常采用的两种受流方式，侧部接触受流方式对磁浮车辆的悬浮系统影响更小。同时，采用四轨系统能够有效地消除杂散电流对周边钢筋混凝土结构和金属件的腐蚀破坏影响，目前其他轨道交通也在研究采用四轨系统的可行性。

C 型接触轨和工字型接触轨之间的差异性比对详见表6-1。

C 型接触轨和工字型接触轨差异性比对　　　　　　表6-1

项目	铆接工字型式复合	C 型	
		铆接式复合	嵌入式复合
断面图（单位：mm）	（断面图：55宽，100高，4.8钢带，74）	（断面图：45宽，120高，90，74，4.8）	（断面图：55宽，100高，64，4.5，8）
	采用工字型空腔结构，载流量大，重量轻；复合采用机械铆接形式，钢铝结合力强；垂直轨面刚性好，受流稳定	采用机械铆接形式，钢铝结合力强；常温复合，高度方向无二次变形，尺寸精度高；有效受流面宽	机械嵌入式结构，载流量大，重量轻，柔韧性好；有效受流面宽
有效受流面宽度	有效受流面宽度74mm	有效受流面宽度90mm	有效受流面宽度100mm
钢带厚度	钢带厚度4.8mm	钢带厚度4.8mm	钢带厚度4.5mm
接头高差	中间接头为楔形结构，具有自对正功能，可以消除一半的高度差；安装螺栓贯穿接触轨，可承受更大的顺线路方向内应力；楔形结构具有自锁功能，中间接头与接触轨的结合更牢靠，载流更稳定	中间接头安装为平板夹持结构，无自对正功能，安装后所有零部件累计高差集中表现在接触面，接触面高差完全依靠接触轨本身制造高差确定，对产品自身制造精度要求较高	

续上表

项目	铆接工字型式复合	C 型	
		铆接式复合	嵌入式复合
接头附件安装影响	(1)中间接头、电缆连接板、中心锚结等附件为接触轨外部安装,操作较便捷; (2)接触轨预留安装孔位,安装精度较高	(1)中间接头、电缆连接板、中心锚结等附件为接触轨内部安装,操作不便; (2)附件安装时无定位孔,需现场测量定位,操作复杂,效率低	
刚柔取向	主要柔向垂直于钢面,但刚度较大,弯道处需预弯	主要柔向垂直于钢面,刚度适度,可用于不同曲线半径	

3. 系统特点及要求

接触轨担负着把从牵引变电所获得的电能直接输送给磁浮列车使用的重要任务,因此接触轨的施工质量和工作状态将直接影响着磁浮列车的运行状态。由于接触轨没有备用,线路上的负荷又是随着磁浮列车的运行而沿接触轨移动和变化,工作环境苛刻,因此对接触轨设备的状态要求较高,主要有以下几个方面:

(1)在机械结构上具有良好的稳定性。要求在高速运行和恶劣的气候条件下,能保证磁浮列车质量良好地取流;

(2)接触轨设备及零件具备互换性;

(3)接触轨设备及零件有足够的耐磨性和抗腐蚀能力,以延长设备的使用寿命;

(4)接触轨对地绝缘良好,安全可靠;

(5)结构尽量简单,以便于施工及运营维修。同时在发生故障应急处理的情况下,便于抢修和迅速恢复送电;

(6)尽可能地降低成本,尤其要节约有色金属及钢材。

磁浮交通电力监控系统与供电系统控制方式

单元 6.4

一、电力监控系统定义

电力监控系统简称 PSCADA（或 SCADA），是利用计算机控制、网络、数据库、现代通信等技术将变电所的所有二次设备，包括控制、信号、测量、保护、自动装置及远动装置等经过组合和优化，对变电所执行自动监视、测量、控制和协调，以提高变电所运行效率和管理水平的一体化系统。

二、电力监控系统组成

电力监控系统由控制中心的中央级电力监控主站系统（电力调度系统）、变电所内的被控站系统（变电所综合自动化系统）、供电复示系统和通信通道等部分组成。

三、电力监控系统的作用

电力监控系统的作用是保证 OCC 对供电系统的主变电所、牵引变电所、开闭所、降压变电所的供电系统设备运行状态进行监视、控制和数据采集，确保供电系统的正常运行和实时监控，实现遥控、遥调、遥信、遥测四大功能。

（1）遥控：实现对供电系统的断路器、电动隔离开关等供电设备远程实施分合闸控制。

（2）遥调：实现保护整定值或者可调变压器的远程调整，使用得相对较少。

（3）遥信：利用开关量采集输入模块信息，采集各出线回路开关分合闸状态信号、开关故障报警信号、失压报警信号、过压报警信号。

（4）遥测：主要用于远程测试电流、电压、功率因数。

电力监控系统可以实现继电保护功能、自动装置功能、监控功能、信号功能、测量与计量功能、所内通信功能、远程通信功能、系统故障诊断功能、系统维护功能、时钟同步功能等。

四、供电系统控制方式

供电系统控制方式分为开关柜本体上的就地控制、所内控制信号屏或维护计算机上的所内控制、控制中心电力调度系统的远动控制,即三级控制方式。三级控制相互之间具有可靠的闭锁,任何时刻牵引降压变电所各种设备的控制只执行一个操作命令。开关控制优先级别依次为就地控制、所内控制、远动控制。

1. 就地控制

就地控制是在开关设备本体上进行的控制,可通过开关设备本体或相应的变电所综合自动化系统间隔层单元进行控制。

2. 所内控制

所内控制是在牵引降压变电所控制室内的控制信号屏或维护计算机上进行的控制,指令经变电所综合自动化系统通信控制器,再通过所内通信网络下传至间隔设备层单元去执行。

3. 远动控制

远动控制是在控制中心对牵引降压变电所设备进行的控制。电力调度下发的控制命令通过远程通信网络传至变电所综合自动化系统通信控制器,再通过所内通信网络下传至变电所综合自动化系统间隔层单元执行。

教学做一体化训练

知识测试

一、填空题

1. 外部电源的供电方式主要有_____供电、_____供电和_____供电三种。

2. 牵引变电所的主接线由三部分组成：_____，_____，_____。

3. 接触轨受流方式分为_____式、_____式和_____式。

4. 电力监控系统具有_____、_____、_____、_____四大功能。

二、简答题

中低速磁浮交通采用接触轨供电方式，请结合乘客误入轨行区的应急处置预案（见表6-2），简要分析进入轨行区作业的安全注意事项。

表 6-2

时间	情境描述	主任调度员	其他调度	行调	值班站长	行车值班员（行值）	客运值班员（客值）	巡视岗	售票员	站台岗	站台保安	支援岗
15:00	1. 发现乘客进入区间	1-5 接到行调的紧急报告后，向当值调度员宣布进入应急处理状态	1-6 信息调度按规定做好事件记录，及时向相关单位进行信息通报	1-4 立即报主任调度员及OCC全体当班调度员，同时要求调度人员按行调要求时间规划线路人员到安全地点	1-4 值班站长收到行车值班员报告后吩咐行车值班执行乘客进入区间的应急处理状态，立即赶往车控室穿荧光衣，带齐备品（对讲机，手持电台、晚上要带手电筒）到站台合处理，向站长报告事情的经过	1-3 行值立即通过CCTV对现场进行查看，确认紧停按钮已按下，通知值班站长、客值到站台合处理，并报行调	1-4 立即赶往车控室穿荧光衣，带齐备品（对讲机，调度手持电台、晚上要带手电筒）到站台合处理			1-2 接报后马上按下紧停按钮，报告车控室，同时规劝同人线路乘客到安全地点	1-1 发现一名乘客越过工作人员不备，从车埔站上行站台双龙端进入区间，马上向站台岗报告	

续上表

时间	情境描述	主任调度员	其他调度	行调	值班站长	行车值班员（行值）	客运值班员（客值）	巡视岗	售票员	站台岗	站台保安	支援岗
15:05	2. 前期处理	2-6 向行调、电调下达相关指令，并立即报告地铁公安指挥室	2-6 电调根据情况确认接触网物是否要停电：电调联络人员离触网小于700mm安全距离，或发现场工作人员判断存在危险可能性提出停电需求，电调组织相应区域接触网停电	2-5 接到车站报告后汇报主任，调整列车运行：按正常速度运行至发现人员所在地点线路，行至人员所在地点限速25km/h，或者在相关车站扣车	2-1 到站台确认区间人员是否安全，报告车控室，在站台待令	2-2-1 通知车站工作人员执行乘客进入区间的应急处理状态，接到通知后立即报告行调。2-2-2 提醒巡视岗击证人，安排人员看守乘客进入区间的端门	2-4 接到通知后立即赶往站台，将目击证人带回会议室，请其书写目击经过	2-3 接到通知后，立即赶到现场，寻找2名以上目击证人	2-7 根据情况放缓售票速度，向乘客做好解释工作	2-3 看守乘客间门，发现人区间乘客，及时处理，及时报告车控室	2-3 维持站台秩序	2-8 到车控室报告，听从行值安排

续上表

时间	情境描述	主任调度员	其他调度	行调	值班站长	行车值班员（行值）	客运值班员（客值）	巡视岗	售票员	站台岗	站台保安	支援岗
15:10	3. 停电，进入区间寻找闯入乘客	3-11 了解事故影响范围，设备运行情况	3-1 根据情况停止相关区域的供电	3-2 停电后，发布调度命令，值站区间进行处理	3-4 得到下线路找人命令，与巡视岗、支援岗（公安）一起进入线路找人	3-3-1 行调同意下线路找人后，做好安全防护，通知值站可以下线路。3-3-2 播放广播（尽可能与报告同步进行），在PIS公布相关信息。3-3-3 通知站内各岗位员工，控制进站客流	3-5 确认证人的身份和联系方式，并留下相应资料	3-6 穿荧光衣，持对讲机、手电筒，与值班站长一起下隧道寻找当事人	3-7 根据情况放缓售票速度，向乘客做好解释工作	3-8 看守乘客闯入区间端门，发现闯入乘客及时处理，报告车控室	3-9 维持站台秩序	3-10 赶往站台，协助站长寻找闯入乘客

续上表

时间	情境描述	主任调度员	其他调度	行调	值班站长	行车值班员（行值）	客运值班员（客值）	巡视岗	售票员	站台岗	站台保安	支援岗
15:15	4. 找到岗人乘客、人员、线路出清，停电	4-5 了解事故影响范围，在设备运行、处理情况的过程中，协调控制中心各岗位的工作，保持与上级领导沟通的信息顺畅	4-10 事故处理完毕，通知相关人员检查设备情况，对具备运行条件的设备恢复送电	4-3 得到线路出清的报告后，取消扣车，通报当值调度	4-1 找到当事人后通知车控室/行调，带当事人就近站台出清线路；确认（所有线路人员）出清线路。如未找到当事人，按行调指示执行	4-2 按线路出清的报告时，确认全部人员出清线路后，报行车调度，并取消扣车	4-4 将自己证人目移交给公安处理	4-6 找到当事人后，与值站带其从就近站台出清线路	4-7 恢复正常票务工作	4-8 线路出清后，关闭端门。维持好站台秩序		4-9 找到岗人乘客后出清线路
15:18	5. 恢复正常运营	5-1 事故处理完毕恢复运营，做好后续处理工作	5-2 信调按相关的信息通报信息流程进行信息通报	5-3 通知全线各站恢复正常运营	5-5 做好车站服务、客运服务工作	5-4 通知各岗位恢复正常。事件写报告	5-6 做好车站票务工作					

学中做

小组分工,根据图 6-5,查阅资料,分析接触网和接触轨供电方式的优缺点。

图 6-5

中低速磁浮交通机电系统

模块 7 中低速磁浮交通概论

模块描述

通过对中低速磁浮交通机电系统的介绍,并通过线上线下自主学习,可了解中低速磁浮交通通风空调系统、给排水及消防系统、电扶梯系统的基本功能和结构,能进行日常设备运行监控,简单的故障判断和基本操作。

知识目标

1. 了解中低速磁浮交通常见机电系统的组成。
2. 掌握中低速磁浮交通常见机电系统的基本功能。

技能目标

1. 能判断中低速磁浮交通常见机电设备运行状态。
2. 能简单判断中低速磁浮交通常见机电设备故障。

思政目标

1. 通过轨道交通机电设备故障实例,感悟磁浮交通机电设备安全运行的重要性。
2. 通过对设备运用状况的了解,树立爱岗敬业的职业素养。

建议学时

2课时

通风空调系统 7.1

环境与设备监控系统(Building Automatic System,BAS)是将建筑物内的电力、照明、空调、给排水、消防、站台门、电扶梯、安防设备或系统,以集中监视、控制和管理为目的而构成的综合系统。在轨道交通领域,BAS是以车站为单位的相对独立和完整的系统,属于自动化专业,一般与环控系统、给排水系统、照明及紧急疏散系统、电扶梯系统等专业接口。

正常工况下,BAS提供全面、灵活、多样的监控方式,对车站环控系统及其他机电设备实施监视和实时控制,并通过先进、实用的控制算法和策略达到节能与优化控制的目的。非正常情况下,BAS提供方便的协调和调度监控手段来满足和应对特殊的工况需求,完成模式控制。

由于安全性和畅通性的独特要求,中低速磁浮交通系统处于一个相对较封闭的独立系统,与外部环境的接口相对单一。在磁浮交通系统中,只有采用人工气候环境才能满足乘客乘坐的舒适度要求,该功能由通风空调系统实现。

为保证磁浮交通系统的运营环境,各点设置通风空调系统,该系统能够根据季节气候为乘客提供"过渡性舒适"的候车环境,为磁浮交通工作人员提供舒适的工作环境,并为设备正常安全运行提供所需的运行环境;控制站点空气的温度、湿度、洁净度、气流速度和压力变化率;满足火灾和事故时烟、热、气扩散方向,通风、排烟要求,为乘客疏散和救援人员进入提供安全保障等。

一、通风空调系统的制式

轨道交通通风空调系统按制式一般分为开式系统、闭式系统和站台门式系统。

磁浮交通车站的通风空调系统一般采用分散供冷和集中供冷两种方式;应具有中央级和车站级两级监控信息管理,中央级、车站级、就地级三级控制功能,实现分散控制、集中管理、资源共享的系统功能。

1. 开式系统

开式系统是应用列车"活塞效应"或机械的方法使轨道交通内部与外界交换空气,利用外界空气冷却车站和隧道。

(1)区间隧道活塞通风

当列车的正面与隧道断面面积之比(称为阻塞比)大于 0.4 时,由于列车在隧道中高速行驶,如同活塞作用,使列车正面的空气受压,形成正压,列车后面的空气稀薄,形成负压,由此产生空气流动。利用这种原理通风,称为活塞效应通风。

活塞风量的大小与列车在隧道内的阻塞比、列车行驶速度、列车行驶空气阻力系数、空气流经隧道的阻力等因素有关。利用活塞风来冷却隧道,需要与外界有效交换空气,因此,对于全部应用活塞风来冷却隧道的系统来说,应计算活塞风井的间距及风井断面的尺寸,使有效换气量达到设计要求。试验表明,当风井间距小于 300m、风道的长度在 25m 以内、风道面积大于 10m² 时,有效换气量较大,在隧道顶上设风口效果更好。

(2)机械通风

当活塞式通风不能满足地铁与轻轨排除余热与余温的要求时,要设置机械通风系统。

根据磁浮交通系统的实际情况,可在车站与区间隧道分别设置独立的通风系统。车站道风一般为横向的送排风系统,区间隧道一般为纵向的送排风系统,这些系统应同时具备排烟功能。区间隧道较长时,宜在区间隧道中部设中间风井。对于当地气温不高、运量不大的地铁与轻轨系统,可设置车站与区间连成一起的纵向通风系统,一般在区间隧道中部设中间风井,但应通过计算确定。

2. 闭式系统

闭式系统使磁浮交通系统内部基本上与外界大气隔断,仅供给满足乘客所需的新鲜空气量。车站一般采用空调系统,而区间隧道的冷却是借助于列车运行的"活塞效应"携带一部分车站空调冷风来实现的。

3. 站台门式系统

站台门式系统作为站台公共区与轨道交通的安全可控设备,其功能是在列车进站时配合列车车门动作打开或关闭滑动门,为乘客提供上下车通道,如图 7-1 所示。

在车站安装空调系统,隧道用通风系统(机械通风或活塞通风,或者两者兼用),若通风系统不能将区间隧道的温度控制在允许值以内,应采用空调或其他有效的降温方法。

安装站台门后,车站成为不受区间隧道行车时活塞风的影响的单一建筑物。车站的空调冷负荷只需计算车站本身设备、乘客、广告、照明等发热体的散热,及区间

图 7-1
站台门式系统

隧道与车站间通过站台门的传热和站台门开启时的对流换热。此时,站台门系统的车站空调冷负荷仅为闭式系统的 22%~28%,且由于车站与行车隧道隔开,减少了运行噪声对车站的干扰,不仅使车站环境较安静、舒适,也使乘客更为安全。

采用站台门式系统时,应核算区间隧道温度是否能达到允许的设计温度。

二、通风空调系统的组成

根据使用场所不同、标准不同,通风空调系统又分为车站公共区通风空调系统(简称大系统)、车站设备管理用房通风空调系统(简称小系统)及空调水系统(简称水系统)。

1. 车站公共区通风空调系统

磁浮交通的环境与地面建筑的情况不同,乘客从地面通过出入口通道,依次经过站厅、换乘厅、站台进入列车车厢,为了给乘客提供一种过渡性环境条件,各区域间的温差不宜太大,对不同区域应有不同的环境控制标准,使乘客的途经区域实现温度的逐渐变化,户外与车站公共区之间必须有合适的温差,车站公共区通风空调系统应为乘客提供过渡性舒适的乘车环境。为满足节能运行要求及保证空气品质,车站公共区通风空调系统应按焓值控制,设置通风空调全新风运行及非空调季节全通风运行模式。

2. 车站设备管理用房通风空调系统

车站设备管理用房区设有两类用房:一类是为工作人员提供服务、办公的房间,如更衣室、站长室、车站控制室等,此类房间有舒适性要求,需要设置空调;另一类为设备用房,如通信、信号、变电所高低压开关柜室、整流变压器室等,此类房间设备发热量大,必须采取有效的通风或冷风降温措施,才能保障设备的工作环境良好。这些房间的运行时段也不同,部分管理用房为运营时段通风,而大部分电气用房需全年通风。

正常运营时车站设备管理用房通风空调系统为车站工作人员提供舒适的工作环境条件,保证磁浮交通系统安全、舒适、有效运行,也为车站设备运行提供所需的工艺环境条件。

当车站设备管理用房区发生火灾时,车站设备管理用房通风空调系统应能及时排除烟气或设防烟防火分隔,并在内走道和封闭楼梯间设防、排烟设施,如图 7-2 所示。

3. 空调水系统

空调水系统为车站公共区、车站设备管理用房区通风空调系统提供空调冷源。空调水系统由制冷设备及输送、分配管网组成。

图 7-2
设备用房轴流风机

(1) 正常运行时的功能

空调水系统应能在各种工况和运营条件下满足运行、调节要求。由于系统运行占空调电耗的绝大部分,设计时应考虑采用大温差、低温送风、变频调速等技术实现节能运行。

根据车站的站位及周围规划、环境的限制情况,空调冷源的设置形式分为分站供冷和集中供冷。应根据车站具体情况,进行技术经济比较,因地制宜地选择方案。

(2) 火灾运行时的功能

当车站公共区或车站设备管理用房区发生火灾时,空调水系统应能及时受环境与设备监控系统的控制,根据运行模式自动或手动及时切换至火灾模式运行。

给排水及消防系统

7.2

磁浮交通给排水及消防系统是为满足磁浮交通生产、生活及消防用水对水量、水压、水质的要求的系统,是磁浮交通机电系统的重要组成部分,两者属于不同的系统,又有一定的协同功能。

一、系统组成

给排水及消防系统主要由生产生活给水系统、排水系统、消防系统[1]、市政接驳系统及人防给排水系统等部分组成。其中,排水系统主要包含车站污水、车站及区间废水、雨水的排放,消防系统主要包含消火栓系统、自动喷水灭火系统及建筑灭火器系统,市政接驳系统含生产生活及消防给水接驳、排水接驳,人防给排水系统含人防给水及人防排水。下面选取重要的系统组成介绍功能。

二、系统功能

1. 给水系统主要功能

磁浮交通给水系统应能满足所有车站、区间隧道、停车场、车辆段、控制中心及沿线配套设施的生产、生活冷却循环水及消防给水的水量、水压和水质要求。

2. 排水系统主要功能

磁浮交通排水系统主要针对结构渗漏水、消防及冲洗废水、粪便及生活污水、车站露天出入口及隧道洞口的雨水,排水系统应做到顺直通畅,便于清疏,维修工作量小,并能及时排入城市排水管网。运营过程中产生的各种污废水、渗漏水、雨水的排放均应符合国家相关排放标准的要求。

3. 消防系统主要功能

FAS 主机用于接收、显示、处理火灾报警信号,控制相关消防设备。站内主要探测报警设备包含吸气式主机、烟温感探头、感温电缆和感温光纤。报警信息将通过系统数据传输给 FAS 主机页面,由主机液晶显示器显示。

---

[1] 这里的消防系统主要指 FAS。

火灾报警的确认有自动确认和人工确认。自动确认通过火灾探测器进行,人工确认通过手动报警按钮及消火栓启泵按钮进行。在不同的场合,采取不同的火灾确认模式,具体见表7-1。

FAS 火灾确认方式及处理方式　　　　　　　　表 7-1

类　别	报　警　设　备	确认方式	处　理　方　式
未设消防水泵的车站	同一区域两个探测器	自动确认	FAS 自动向相关系统发模式指令
	一个烟感或感温探测器、一个手动报警按钮	自动确认	
	自动灭火系统发出确认报警信号	自动确认	
	吸气式火灾探测系统发出确认报警信号	自动确认	
	一个手动报警按钮	人工确认	人工向相关系统发模式指令
设消防水泵的车站	同一区域两个探测器	自动确认	FAS 自动向相关系统发模式指令,并自动联动消防泵
	一个烟感或感温探测器、一个手动报警按钮	自动确认	
	自动灭火系统发出确认报警信号	自动确认	
	吸气式火灾探测系统发出确认报警信号	自动确认	
	一个手动报警按钮	人工确认	人工向相关系统发模式指令,并联动消防泵
	一个消火栓启泵按钮	人工确认	
区间	车载通信设备	人工确认	由控制中心向相邻车站下达区间火灾联动模式
	一个手持电话	人工确认	
	一个区间手动报警按钮	人工确认	

主要关联设备:

(1) FAS 与 BAS 设备的关联:在确认火灾信息后,FAS 向 BAS 发送火灾模式指令,由 BAS 启动相关火灾工况。

(2) FAS 与电梯的关联:FAS 接收到火警信息后,联动消防电梯。

(3) FAS 与供电的关联:在确认火灾信息后,FAS 启动应急电源,切断车站非消防电源。

(4) FAS 与广播的关联:在确认火灾信息后,FAS 启动消防广播。

(5) FAS 与按钮的关联:在确认火灾信息后,通过确认按下本站 FAS 主机上的非控制按钮切断车站非消防电源。

(6) FAS 与智能疏散的关联:在确认火灾信息后,FAS 启动智能疏散。

(7) 释放本站内的门禁、闸机。

(8) 车站公共区商铺处、出入口与商业建筑设有防火分隔用的防火卷帘,火灾报警控制器接收到本防火分区内任意两个探测器报警,防火卷帘一步降到底。火灾报警控制器接收到本防火分区内任意两个探测器或任意一个专门用于联动防火卷帘的烟感探测器报警时,防火卷帘下降至地面1.8m。火灾报警控制器接收到任意一个专门用于联动防火卷帘的感温探测器报警时,防火卷帘降到底。

(9)启动全站应急照明系统。

(10)启动本站所有区域的消防广播和声光报警器,并交替动作,声光报警器响20s后停止,广播播放30s(具体时长根据广播音源确认)。

(11)消火栓按钮动作信号与全站区域内任意一个火灾探测器或手动火灾报警按钮的报警信号"与"逻辑判断后联动,输入模块接收到消火栓泵启动信号后,通过输出模块点亮消火栓按钮的启动灯。

(12)消防泵启动反馈信号作为火警信号,不参与联动。中低速磁浮交通各种关键设备用房应设置完善可靠的消防给水系统和自动灭火系统,并根据不同地点和功能的重要性设置不同的灭火器具。自动灭火系统的灭火介质应毒性小,安全可靠,不危及人员及设备安全。配置的灭火器能迅速有效地扑救磁浮交通内部的各种初起火灾,气体灭火系统如图7-3所示。

■图7-3
气体灭火系统

单元 7.3 电扶梯系统

电扶梯系统设备作为磁浮交通车站的大型设备,是磁浮交通车站内与乘客接触较为紧密的设备,其目的是方便乘客,提高车站的集散效率,改善乘客进、出车站时的舒适度,是公共交通提升设施。同时,其设计还应考虑无障碍出行要求,体现城市文明形象。

电扶梯系统包括自动扶梯、电梯、楼梯升降机,是磁浮交通系统的重要组成部分,担负着方便乘客进出车站的任务,对及时疏散乘客起到重要作用。

在站台至站厅间根据车站中远期客流预测设计上下行自动扶梯;出入口及过街隧道根据人流量设计上下行或上行自动扶梯;当提升高度超过6m时,设上下行自动扶梯,站内设计残疾人液压梯或楼梯升降机,以满足特殊人群的需求。

一、自动扶梯

自动扶梯是带有循环运动梯路向上或向下倾斜输送乘客的固定电力驱动系统。城市轨道交通应采用公共交通重载型扶梯,其在任何3h间隔内,持续重载时间不少于1h,其载荷达到100%制动载荷。其余2h载荷为60%制动载荷。自动扶梯系统的标准配置应符合《自动扶梯和自动人行道的制造与安装安全规范》(GB 16899—2011)的要求。在满足标准设计的基础上,根据磁浮交通车站自动扶梯工作环境恶劣的特点,结合磁浮交通运营时间长、客流量较大的工作条件,磁浮交通车站中使用的自动扶梯应选用公共交通重载型产品,其在驱动主机、滚轮、扶手带及安全装置的设置上均有较高的要求,如图7-4所示。

二、电梯

轨道交通系统电梯一般采用曳引式垂直电梯,采用三相异步电机,变频器控制技术,实现可靠、精准的控制。电梯作为主要服务于携带大件行李物品、视力缺乏和行动不便的特殊乘客使用的设备,其无障碍设计理念体现了以人为本,体现了城市文明形象,垂直电梯如图7-5所示。

■ 图 7-4
自动扶梯

■ 图 7-5
垂直电梯(无障碍电梯)

三、楼梯升降机

楼梯升降机属于液压梯的一个分支,安装在步行楼梯一侧,供残障人士上下楼梯使用,弥补了车站液压梯不能到达地面的不足。楼梯升降机能沿着楼梯连续做上升、水平和90°转角运行,运行倾角不大于35°,出入口的楼梯升降机是室外型,能全天候运行,车站内楼梯升降机是室内型,能适应轨道交通每年工作356d,每天工作20h 的工作要求。乘客使用楼梯升降机应征得车站工作人员的同意,并在车站工作人员的操作和陪伴下使用,楼梯升降机如图7-6所示。

■ 图 7-6
楼梯升降机

教学做一体化训练

知识测试

一、填空题

1. 轨道交通通风空调系统按制式一般分为_____系统、_____系统和_____系统。
2. 火灾报警的确认有_____和_____两种确认方式。
3. BAS 系统的中文名称是_____。
4. FAS 系统的中文名称是_____。

二、简答题

1. 简述站台门的作用。

2. FAS 系统关联了哪些设备?

学中做

(1) 案例分析。

2021 年 6 月 1 日,在××地铁××号线××站的上行扶梯上发生了这样的一幕:两名老人相继摔倒并碰倒了站在其后方的另一位老人,导致其受伤,随后伤者将两位老人和地铁公司起诉至法院。庭审时地铁运营企业代理人称,事发后地铁方经过检查确认事发电梯运营并无异常,而且公司在上下扶梯的周边,都张贴有醒目的乘客乘梯须知和安全警示标志,并播放提示广播,已尽到相应的安全保障义务。

请结合该案例,思考工作人员应如何监控电扶梯运行状态?遇到类似事件时如何及时开展应急处置?

(2) 案例分析。

2021 年 1 月 25 日 23 时,长沙磁浮快线开展了一场区间列车疏散灭火救援联合演练,一辆磁浮列车行驶至磁浮高铁站,进站前,列车司机发现磁浮列车发生"火灾",火势扩大,被迫停车,无法正常运行,有乘客"被困"!司机查看车内监控,上报"火情"后,立即组织乘客疏散。车站工作人员迅速启动 FAS 火灾模式,配合司机组织乘客疏散。消防指战员抵达现场后,使用漏电检测装置对轨道进行实时监测,确保无电流,开展灭火救援。此次演练模拟真实火灾事故场景,非常贴近实战。工作人员表示:"灭火救援地点有一定高度,属于高空作业;磁浮轨道上的人行道和撤离通道比较狭窄,人员行进、破拆和救援过程中容易摔倒。"

请结合 FAS 系统和站务工作人员作业标准,分析 FAS 系统的作用及工作人员的应急抢险措施。

模块 8 中低速磁浮交通运营工作概述

模块描述

通过对中低速磁浮交通运营工作的认知，并通过线上线下自主学习，可了解列车运行图和运营时刻表，行车组织基本原则和常识，学习到正常情况下的列车运行相关知识，了解非正常行车组织方法和调度指挥措施，了解中低速磁浮车站客运组织原则和方法，以及票务管理相关知识与技能。

知识目标

1. 了解行车组织基本原则。
2. 认识列车运行图和运营时刻表。
3. 了解非正常行车组织方法。
4. 掌握调度指挥工作常识。
5. 知道车站客运组织原则及内容。
6. 了解磁浮交通的票务系统。

技能目标

1. 掌握列车运行图的作用和意义。
2. 掌握行车组织工作基本流程。
3. 掌握客流组织方法。
4. 掌握调度指挥工作方法。
5. 掌握自动售检票系统的组成与运营模式。

思政目标

1. 通过中低速磁浮列车运行图实例，感悟磁浮交通行车工作的严谨性。
2. 通过对磁浮运营工作的分析，树立爱岗敬业的职业素养。
3. 树立大局意识、责任意识。
4. 树立服务意识，热情接待、服务乘客。

建议学时

4课时

中低速磁浮交通行车组织工作

8.1

一、列车运行计划

列车运行计划一般分为列车运行图和运营时刻表。

列车运行图是轨道交通行车组织工作的基础,是列车运行的工作计划,如图 8-1 所示。它决定着各次列车占用各区间的顺序、列车在车站到达和出发(或通过)的时刻、列车在各区间的运行时分、列车在车站的停站时分等。列车运行图是运用坐标原理来描述列车运行的时间、空间关系,表示列车在线路各区间运行时间和在各个车站停车与通过时间的线条图。一般情况下,列车运行图的横坐标表示时间,纵坐标表示车站,斜线表示列车。列车运行图按时间坐标不同可分为:1 分格运行图(垂直线每格表示 1min)、2 分格运行图、10 分格运行图和小时格运行图。凡与列车运营有关的各部门都必须根据列车运行图的要求,组织本部门的工作。

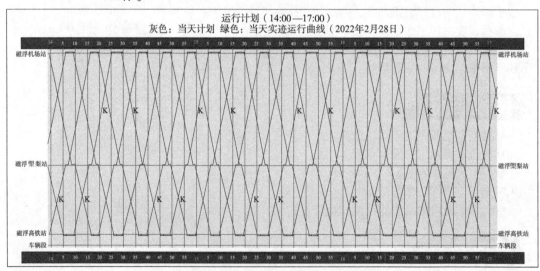

■ 图 8-1
列车运行图
(资料来源:湖南磁浮交通发展股份有限公司)

运营时刻表是将列车运行图表格化,通过表格的形式来规定列车在车站(车场)出发、到达(或通过)及折返时间的集合,是列车运行图的重要组成部分,如图8-2所示。

车次号	磁浮高铁站到	磁浮高铁站发	磁浮㮾梨站到	磁浮㮾梨站发	磁浮机场站到	磁浮机场站发
K127	17:26:30	17:30:00	17:19:20	17:20:00	17:06:30	17:10:00
K135	18:06:30	18:10:00	17:59:20	18:00:00	17:46:30	17:50:00
K143	18:46:30	18:50:00	18:39:20	18:40:00	18:26:30	18:30:00
K151	19:26:30	19:30:00	19:19:20	19:20:00	19:06:30	19:10:00
150	19:17:00	19:20:00	19:27:13	19:27:53	19:37:10	19:40:00
153	19:37:00	19:40:00	19:29:10	19:29:50	19:17:10	19:20:00
152	19:26:30	19:30:00	19:36:30	19:37:10	19:46:30	19:50:00
155	19:47:00	19:50:00	19:39:10	19:39:50	19:27:10	19:30:00
157	19:57:00	20:00:00	19:49:10	19:49:50	19:37:10	19:40:00
154	19:37:00	19:40:00	19:47:13	19:47:53	19:57:10	20:00:00
159	20:06:30	20:10:00	19:59:20	20:00:00	19:46:30	19:50:00
156	19:47:00	19:50:00	19:57:13	19:57:53	20:07:10	20:10:00
158	19:57:00	20:00:00	20:07:13	20:07:53	20:17:10	20:20:00
161	20:17:00	20:20:00	20:09:10	20:09:50	19:57:10	20:00:00

■ 图8-2
运营时刻表
(资料来源:湖南磁浮交通发展股份有限公司)

二、行车组织工作

行车组织是指利用中低速磁浮交通行车设备设施,根据列车运行计划,按照行车闭塞法组织列车运行的活动。行车组织以安全运送乘客、规范列车服务、保证设备运作质量为目的,运营各部门在集中领导、统一指挥的原则下,紧密配合、协调动作,完成各项工作任务,确保中低速磁浮交通运营行车安全和乘客安全。磁浮交通行车组织指挥工作必须坚持安全生产的方针,贯彻高度集中、统一指挥、逐级负责、协调联动的原则。

(1)运营相关部门严格按照列车运行图的要求组织本部门的运营工作,列车运行图以运作命令或调度主任通过调度命令的形式发布。

(2)人工报点时列车到、发、通过时刻的确认原则,系统能自动生成则以系统自动生成优先。列车到达时刻,以列车在规定位置停稳时为准。列车出发时刻,以列车由车站启动不再停车时为准。列车通过时刻,以列车最前部通过出站信号机时为准。

(3)行车时间以北京时间为准,从零时起计算,实行24h制。行车日期划分:以零时为界,零时以前办妥的行车手续,零时以后仍视为有效。

(4)正线及辅助线行车组织属行调管理,车辆段线行车组织属车辆段调度管理,凡与正线相关或影响正线行车的作业,必须经行调批准。

(5)空驶列车、工程车、救援车、调试车出入车辆段均按列车办理。

(6)在ATC系统正常情况下,磁浮列车以AM驾驶,在ATS有计划运行图时,列车出段运行至转换轨时自动接收目的地码及车次信息。在不能接收或没有 ATS 计划运行图时,由行调人工输入目的地码和车次号。

(7)正常情况下,在正线司机凭车载信号显示或行调命令行车,按列车运行图和 DTI(发车计时器)显示时分掌握运行及停站时间。

(8)列车在运行过程中,司机应在前端牵引运行,如推进运行时,在前端驾驶室要有乘务人员或引导人员进行引导及监控列车运行。

(9)有线/无线调度电话用于行车工作联系,须使用行车标准用语。

(10)列车晚点统计方法:比照列车运行图单程每列延误 2min 以下为准点,行调应根据列车延误情况及时采取措施,调整列车运行。因列车调整需要,在两端站晚发的列车不计为晚点,但在单程运行过程中增晚 2min 及以上时计为晚点。

三、行车指挥架构

磁浮交通系统是一个技术复杂、设备密集的公共轨道交通系统,具有高度集中、环节紧密、部门协同的特点,必须实行集中领导、统一指挥、逐级负责和有效监控,为此,需设置行车组织的指挥中枢——OCC。为了对复杂的运输生产活动进行全面的指挥和专业监督,OCC 实行分工管理负责,将整个运输生产根据业务性质划分为若干部分,设置不同的调度工种进行管理。

1. 行车指挥层级

(1)运营指挥分为一级、二级两个指挥层级,二级服从一级指挥。(图 8-3)

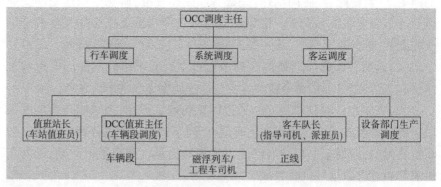

■ 图 8-3
行车指挥层级

(2)一级指挥:行车调度、系统调度、客运调度。他们在 OCC 调度主任的统一协调和管理下,完成调度指挥任务。

(3)二级指挥:值班站长(车站值班员)、DCC 值班主任(车辆段调度)、客车队长(指导司机、派班员)、设备部门生产调度。

（4）各级指挥要根据各自职责任务独立开展工作，并服从 OCC 调度主任的总体协调和指挥。

2. 行车指挥机构

（1）OCC

①OCC 是磁浮交通日常运营、行车组织调度指挥、设备维护的指挥中心。

②OCC 是运营信息收发中心。

③行车工作由行调统一指挥。行车设备的维护和故障处理由行调统一指挥。在封锁范围内，可授权或指定相关专业现场负责人指挥。

④供电、环控和防灾报警设备运作由系统调度统一指挥。

（2）车辆段调度中心（DCC）

①DCC 是车辆段运作管理、车辆维修中心，设有 DCC 值班主任、车辆段调度。

②DCC 负责车辆段范围内的行车组织、维修施工管理。

③DCC 负责车辆日常检修、清洁、定修和临修工作控制，为磁浮交通快线运营及设备维修施工提供数量足够和工况良好的磁浮列车及工程车。

（3）OCC、DCC 及车站的指挥工作关系

①列车运行，行车设备的维护和故障处理由行调统一指挥。在封锁范围内，可授权或指定相关专业现场负责人指挥。

②车站的行车工作由值班站长统一指挥。

③车辆段行车工作由车辆段调度统一指挥。

④磁浮列车上的员工由司机负责指挥，工程车上的员工由车长负责指挥。

四、正常情况下的行车组织

1. 列车运行模式

列车运行采用双线单向右侧运行，两端终点站站间循环运行。首、末班车须严格按照列车运行图规定的时间运营，无特殊情况均不得早发、迟发及跳停。

2. 列车运营前的准备及条件

原则上根据列车运行图中的第一列磁浮列车出段前 30min，各车站和磁浮交通车辆段必须完成以下内容的运营前检查或准备工作并向 OCC 汇报。

（1）施工、线路出清情况，运营线路是否空闲，接触轨、低压供电及环控系统运作情况。

（2）行车备品、备件是否齐全完好。

(3) 道岔功能正常，站台无异物侵入限界，站台门开关正常。

(4) 当日使用磁浮列车、备用磁浮列车安排及司机配备情况。

(5) DCC 值班主任应于首列车出库前 1h 向 OCC 提供列车运用日计划（发车）表。

3. 压道

(1) 运营前，须安排磁浮列车压道，压道车采用人工驾驶模式。

(2) 压道车为非载客列车，不停站通过，限速，具体参照运作命令执行。

以某磁浮交通公司为例：001 次列车 5:46 前运行至出段信号机前停车待令，经出入段线运行至车站站台，换端后开行 002 次，兼担当压道功能，以 CM 限速 45km/h 运行，经下行线反方向运行至终点站，按运行图投入运营。

4. 列车运行

(1) 调度主任须根据信号系统所具备的模式决定行车闭塞法。

(2) 司机负责操纵列车，监视站台门和车门的开关状态。

(3) 列车在车站对标停稳后，司机应按规定立岗作业，原则上按 DTI 和运营时刻表掌握停站时间；在车站待令时，保持车门、站台门打开。

(4) OCC 及沿途各车站应严密监控列车运行状态，严格控制列车间隔，确保列车与前车有一站一区间空闲，必要时采用控制措施通知司机降低速度运行或在站扣停，确保安全。

(5) 站务员（站台岗）接发列车五部曲。

① 列车进站前，站台岗在扶梯口或楼梯口等人较多的地方，引导乘客往人较少的地方按标志候车。

② 列车停稳开门时，站台岗在站台固定门一侧，引导乘客按秩序先下后上。

③ 列车关门时，站台岗站在活动门的一侧，面向车头方向，一手臂伸直做拦截状，手掌与地面垂直；另一手臂自然下垂，双手五指并拢，并告知乘客"列车关门，请等候下趟车！"。

④ 列车关好门后，站台岗面向列车，观察站台门关好。发现危及行车或乘客人身安全情况时，立即按压紧停按钮，同时紧急呼叫司机"××方向司机不要动车、××方向司机不要动车"，如过程中列车开始启动则紧急呼叫"××方向司机停车、××方向司机停车"。司机回应后告诉司机列车夹物需要处理，同时报车控室情况，必要时请求支援。

⑤ 列车出站时，站台岗站在站台，面向列车，跟随列车运行动态，迎送列车出站。

运营时间，以某磁浮交通公司为例：

5:00前车站、车辆段做好运营前设备检查和人员准备等相关准备工作,确保运行线路达到列车运行条件。

5:46由OCC按图组织第1列车出段至正线;6:06由OCC按图组织第2列车出段至正线;7:52由OCC按图组织第3列车出段至正线,8:16由OCC按图组织第4列车出段至正线。

7:00—22:50,列车在正线按图组织运行。

车站原则上不进行接发列车作业,遇特殊情况须接发列车时,车站、车辆段接发列车人员应严格执行接发列车作业程序。

5. 入段

(1)由OCC按图组织列车回车辆段;

(2)接车前,车辆段调度应确认接车线路空闲,进路、道岔位置正确;

(3)列车入段时,在转换轨一度停车与车辆段调度联系,入段信号开放后动车;

(4)列车退出服务进入车辆段后,退勤司机向车辆段调度汇报电列车运作情况和技术状态;

(5)末班车于22:07:20运行至终点站后,经车辆段入段线入段。

五、非正常情况下的行车组织

非正常情况是指磁浮列车运行相关设备出现故障,车站出现大客流或其他突发事件,采用其他闭塞法或车站控制模式,维持列车运行的行车组织方法。非正常情况下的行车组织包括设备故障:信号系统故障、磁浮列车故障、站台门故障、供电系统故障等。各种非正常情况下行车组织方法包括列车推进、列车反向运行等。以下将重点说明信号系统非正常情况下车站的行车组织基本规定。

信号系统非正常情况是指ATS故障或者其他情况,根据信号降级程度可以分为以下三种情况。

1. 当中央级ATS故障时

点式ATP功能运行正常,采用固定闭塞法组织行车,司机依据车载信号显示的推荐速度和地面信号显示运行。车站的行车组织规定如下:

(1)行车值班员需向前方站和后方站报本站列车的到发点;

(2)行车值班员通过CCTV监控列车进出站情况;

(3)列车在本站停站时分增晚30s及以上时,车站要向行调报告原因。

2. 当信号降级为联锁级别时

当信号降级为联锁级别时,采用固定闭塞法组织行车。车站的行车组织规定如下:

(1)行车值班员需向前方站和后方站报本站列车的到发点;

(2)行车值班员通过 CCTV 监控列车进出站情况。

3. 当信号降级为联锁功能故障时

当信号降级为联锁功能故障时,采用电话闭塞法组织行车。车站的行车组织规定如下。

(1)电话闭塞法行车组织相关规定:

①列车以路票作为占用闭塞区段的凭证,一个闭塞区段内只允许有一列车运行。列车反向运行时车站需在路票左上角注明"反方向运行"。

②列车到达本站时,不报点;列车出清站台区域后,行车值班员依次向前方站(接车站)、后方站报出发点。

③本站同意闭塞的条件为发车站前方"一站一区间"空闲,本站接车进路已准备好。

④本站须查明区间空闲,发车进路准备妥当并取得接车站同意接车的电话记录号码后,方可填发路票。

⑤路票由行车值班员填写,并根据行车日志核对无误后,交予值班站长(或指定胜任人员),值班站长(或指定胜任人员)须当面诵读确认。

⑥路票交接地点为司机所在驾驶室内,值班站长(或指定胜任人员)将路票交予司机,司机打开对讲机诵读路票所填内容,经车控室核对无误后,接收到站台发车信号后,方可准备发车。

⑦列车到站后,值班站长(或指定胜任人员)立即收回路票,并在路票正面斜对角打"×"作废,打"×"作废的路票交予车控室统一保管。

(2)车站相关岗位的工作要求:

①行车值班员。行车值班员负责在车控室办理闭塞、填写行车日志、路票、报点、通过 CCTV 监控站台行车组织情况。

②值班站长。值班站长统筹安排现场工作;核对路票信息,与司机交接路票,向司机打发车手信号。列车到达后,从司机手中收回路票,打"×"作废,将打"×"作废的路票交予车控室,统一保管。

③站台站务员。站台站务员负责站台客流组织,监控站台门安全状态;列车到发前,确认车门、站台门安全后,向司机显示"发车"信号,并用对讲机通知司机;列车到站及发车后向车控室报告。

中低速磁浮交通调度指挥工作 8.2

运营指挥调度是城市轨道交通日常运输组织的指挥中枢。城市轨道交通的运营管理、行车组织工作,以安全运送乘客、满足设备维护为前提,按列车运行图的要求,实现安全、准点、舒适、快捷的运营服务。各单位、各部门必须在集中领导、统一指挥的原则下,紧密配合、协调动作,确保行车和乘客安全,完成各项工作任务。OCC 调度控制中心如图 8-4 所示。

■ 图 8-4
OCC 调度控制中心

一、OCC 概述

1. OCC 功能

(1)负责日常运营指挥调度组织工作,实行高度集中、统一指挥,快速处理各种行车应急事故,确保行车组织安全。

(2)根据施工通告、日补充计划、临时补修计划的安排,负责施工计划的实施。

(3)监督供电系统安全运行和连续供电,指挥供电系统的运行和操作,审批供电设备的检修作业,正确迅速而果断地指挥供电设备的故障处理。

(4)负责火灾、大客流、恶劣天气等紧急情况下环控系统的指挥及监控工作,确保相关设备在紧急情况下能够正常运行,组织抢修救灾工作。

(5)受理各项设备故障的报告,按照对运营影响的程度以及故障的严重程度,通知各有关单位进行处理并认真做好记录,同时报告有关部门和领导,视情况及时启动各种应急预案。

2. 调度体系构成类型

(1)分散式调度 OCC 是在每条或两条线路上设置调度控制中心,负责本线的中央调度监控指挥,同时把运营信息上报有关部门。

(2)集中式调度 OCC 是把轨道交通所有线路的运营监控、指挥集中到一个统一的调度控制中心,负责全部线路的协调指挥工作。

(3)区域式调度 OCC 是负责轨道交通网络中的几条线路的监控与指

挥,并接受线网指挥中心的统一指挥。

3. 调度班组

(1) OCC 调度主任是当值调度班组长,各调度由调度主任协调统一指挥。在处理突发事件、事故时,各调度员有责任向调度主任提供本岗位的协助处理方案,并及时报告相关信息。

(2) 行车工作由行车调度员统一指挥。

(3) 供电、环控和防灾报警设备运作及维修、抢险组织由系统调度员统一指挥。

(4) 管辖范围内信息的收发工作,由客运调度员负责。

二、调度工作

调度工作必须坚持集中领导、统一指挥与逐级负责的原则。在行车组织安全协调管理责任方面,各区域调度控制中心是行车安全工作的责任单位,须建立行车安全管理制度,完善行车组织办法、管理制度和调度作业标准,加强员工培训,确保行车安全。

1. 行车调度工作

(1) 在 OCC 调度主任的带领下做好行车调度指挥工作,严格按照运行图行车;密切监视运行情况,及时调整。

(2) 正确执行各项安全规章制度,确保行车调度工作安全有序地开展,防止运营安全事故的发生,提升运营服务质量。

(3) 做好日常行车组织工作,实现安全、准点和优质的运营服务;传达上级有关行车工作的指令、发布调度命令;做好行车工作计划,确保行车工作顺利进行。

(4) 做好全线客流变化监督工作,调集人力物力,疏导突发大客流。

(5) 定期参加业务学习,参加各类应急故障演练。

(6) 做好在运营过程中发生的各种行车故障、突发事件、事故的组织、处理,及时调整列车运行,尽快恢复正常运营,尽量减少事故影响,拟写事故处理经过,总结分析事故处理过程。

(7) 根据施工通告、日补充计划、临时计划的安排,组织实施、做好施工计划的登记,重大施工时加强与施工负责人的联系,确保施工时间、过程的控制。

(8) 做好运营数据指标的收集工作,填写运营台账;做好施工的检修台账、交接班本等台账的登记工作。

2. 系统调度工作

(1) 在 OCC 调度主任的带领下,负责所辖范围内供电设备安全监督和电力生产指挥工作,通过 BAS、FAS 系统中央级工作站监控全线环控设备。

(2)认真贯彻执行有关规章、制度、命令和上级指示,执行供电有关规定;通过 BAS 系统对车站环控系统、给排水系统以及车站照明系统进行监控;对车站事故电源运行状态进行监视;通过 FAS 系统对全线各车站道、车辆段、变电所的火灾报警、气体灭火系统进行监视;做好变电设备继电保护参数整定、安全自动装置设备运行管理;做好继电保护及自动装置运行的监控。

(3)做好所辖设备的运行情况资料、故障报告及作业信息的汇总,填写各类统计报表。

(4)收集整理所管辖设备系统的运行资料并进行分析工作,总结交流调度运行工作经验,不断提高各个系统调度运行和管理水平。

(5)定期参加业务学习,参加各类应急故障演练。

(6)做好所管辖系统内的事故处理,参加事故分析,及时采取稳定所管辖系统安全运行的措施。

(7)根据施工通告和日补充计划、临时补修计划的要求,办理停送电,组织所辖范围内设备的检修和施工,及时发现所辖范围内设备故障并通报维修部门进行维修,做好施工登记。

(8)做好工作票审核工作,填拆/挂地线通知单、停/送电通知单、电力设备施工登记本、环控设备施工登记本、故障登记本、交接班本等台账。

3. 客运调度工作

(1)负责日常运营信息的收集、整理及发布工作,通过信息平台向公司各级领导通报运营信息。

(2)发生事件、故障时,在调度主任的指导下,按规定通过信息平台向领导及待命人员通报应急信息;必要时,协助调度主任与接口单位(如119、120 等)通报联络、提出支援等工作。

(3)发生事件、故障时,通知车站做好 PIS、PA 相关工作,并做好乘客服务;大面积故障时,发布中央级 PIS、PA 信息;做好相关乘客咨询及投诉受理。

(4)负责对管辖线路内客流情况进行实时监控;在节假日或突发大客流时,对客流进行动态监控,做好记录工作,掌握客流变化情况,并通报调度主任及各调度岗位,及时采取应急措施。

(5)负责 OCC 与其他相关部门的日常联络工作。

(6)协助调度主任完成运营日报,并进行通报。

三、列车运行调整的原则和方法

1. 列车运行调整的原则

(1)正常情况下,列车运行由 ATS 系统自动调整,必要时行调可人工介入，利用多种行车调整手段，使列车在后续车站正点开出，保持均衡的行车间隔。

（2）当列车晚点时，行调应通过有关车站和司机了解晚点原因，要求前方站组织好乘客上、下车，同时向车站通报晚点信息。如晚点是因为车辆原因时，行调需将晚点原因通报 DCC 值班主任。

（3）遇列车故障无法维持运营或继续运营存在故障风险时，原则上不组织列车带病上线运行，设备专业人员明确提出不能继续运行时，行调立即组织列车退出服务，安排备用车上线调整；若专业人员没有给出建议或无备用车时，由调度主任根据实际决定是否抽线调整运营。

2. 列车运行调整的方法

正常情况下，列车的运行由 ATS 系统自动调整，必要时，行调可人工介入，人工修改列车的运行时分、停站时分和折返时分，进行列车运行调整。行调人工修改列车的运行时分、停站时分和折返时分的值必须在系统给出的缺省值的范围内。当列车早点时，行调可以在 ATS 上扣车或通知车站扣车，适当延长列车的站停时分，使列车在本站正点开出。当列车发生晚点时，列车在车站停稳后，行调可以在 ATS 上操作，取消列车的停车点，减少列车停站时分。此外，在确保安全的前提下，行调还可以采用备用车顶替晚点列车、列车中途折返、抽线、单线双向运行、反方向运行等各种灵活的调整方法来调整列车运行。

磁浮交通客运组织与服务工作 8.3

一、车站客运工作概述

车站客运工作是磁浮交通系统非常重要的组成部分,其工作直接面对乘客。车站能否安全、便利、舒适、文明地为乘客服务,是反映磁浮交通运营管理水平的重要标志。

车站人员的岗位设置通常为:站长、值班站长、值班员、站务员、车站保安和保洁人员等。其中,站长代表公司在车站行使属地管理权,组织辖区车站员工开展运营工作,为乘客提供优质服务。值班站长服从站长的领导,组织本班员工开展工作,对本班车站运营全面负责。值班员可分为行车值班员和客运值班员,行车值班员在值班站长的领导下,负责车站行车组织工作,按有关规定操作和监控行车设备。客运值班员在值班站长的领导下,负责车站客运、票务管理,组织售票岗、巡视岗从事票务及客运服务等工作。站务员安排在售票岗、巡视岗(站厅巡视岗、站台巡视岗)。

二、车站客运组织

车站客运组织是指通过合理布置客运有关设备、设施,对客流采取有效分流或引导措施,来组织客流运输的过程。客运组织工作应以"乘客安全、舒适"乘车为前提,既要高质量完成客运任务,又要经济合理地使用客运设备。

1. 客流组织的原则

客流组织的核心是保证客流运送安全畅通,减少乘客出行等待时间,避免拥挤,并保证出现紧急情况时可以及时疏散。因此,在进行客运组织(客流组织)时应特别考虑以下几方面的原则:

(1)合理安排车站售检票、出入口及楼梯扶梯的位置,使行人流动路线简单明确,尽量减少客流交叉对流。

(2)完善车站内外乘客导向系统的设置,使乘客快速分流,减少客流聚集和过分拥挤。

(3)使乘客能够顺利地换乘其他交通工具。

(4)满足换乘客流方便、安全、舒适的要求,如适宜的换乘步行距离,恶劣天气下的保护，设置全天候的走廊系统，对残疾人设置无障碍通道，设置适宜的照明等。

2. 日常客流组织

不管是何种形式的车站(高架、地下、地面)，进出站乘客最基本的流线是一样的：进站—购票—进闸—站台候车—乘车—站台下车—出闸—出站。图8-5所示为磁浮交通乘降流程。因此，车站日常客流组织主要由车站出入口客流组织、售票组织、检票组织、乘降组织等部分组成。进、出站流程是两个完全对称的逆向过程。磁浮交通车站要根据本车站的客流特点及设备和设施的设置情况制定日常的客流组织方案，确保客流顺畅，尽量使进、出站客流不交叉，使车站设备和设施得到充分利用。进行客运组织时要坚持的基本原则一般为"安全、及时、有序"，现场遵循"能疏导，不控制"的原则。

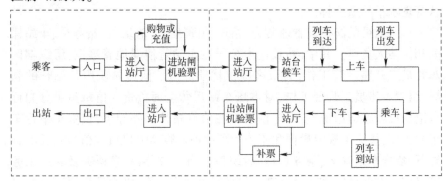

■ 图8-5
磁浮交通乘降流程

知识链接

2022年"五一"假期，长沙地铁累计开行载客列车11770列次，累计运送乘客859.68万人次，首日长沙地铁客运量达285.12万人次，2号线客运量103.78万人次，成为长沙地铁首条百万客流线路。长沙磁浮快线客运量1.98万人次，日均客流3297人次。

思考：通过搜集城市轨道交通大客流的统计数据，分析如何控制大客流？

3. 大客流组织

大客流是指车站在某一时段集中到达，客流量超过车站正常客运设施或客运组织措施所能承担的客流量时的客流。大客流的组织应在保证乘客安全的前提下尽快疏散客流。为了保证大客流发生时能安全疏散客流，各车站应根据本站具体情况建立切实可行的大客流控制预案，合理安排各岗位的具体工作，迅速缓解车站压力，避免发生意外。

(1)大客流的组织原则

①统一指挥。

由 OCC 成立应急指挥小组统一指挥,一般由各部门指定人员组成,大客流一旦产生,应急指挥小组则自动成立。

②逐级负责。

控制中心、站长、值站、行值、客值、站务各负其责,OCC 负责线路的客流组织工作,车站的客流组织由站长和值站负责,值班员和站务员各自负责责任范围内的工作。

③分级控制。

客流控制应遵循"由内至外"的原则。在车站出入口、进站闸机、站厅与站台的楼梯和电扶梯处,重点控制进站客流,组织乘客上车,保证客流均匀上下扶梯和尽快上下列车,保证站台候车乘客的安全。

(2)大客流的组织措施

①增加列车运能。

根据大客流的方向,在大客流发生时,利用就近的折返线、存车线组织列车运行方案,增开临时列车,增加列车运能,从而保证大客流的疏散。列车的运能是大客流组织的关键。

②增加售检票能力。

售检票能力是大客流疏散的主要障碍。因此,车站在设置售检票位置时应考虑提供疏散大客流的通道。在大客流疏散时,具体工作有:

a.售检票设备的准备。在大客流发生前,设备维护人应事先对车站全部售、检票设备进行维护、检修,确保大客流发生时售、检票设备能正常使用。

b.车票和零钞的准备。车站应根据客流预测和以往大客流所消耗的车票及零钞数,在大客流发生前向票务部门申领和储备充足的车票与零钞。

c.临时售票亭的准备。车站根据大客流的进出方向选择在进站客流较集中的位置设置临时售票亭。站厅面积较小的车站可考虑将临时售票亭设置在进站客流较多的通道内。

③提前进行客运设备准备。

a.自动扶梯和垂直电梯的准备。车站应事先通知厂商对车站全部自动扶梯和垂直电梯进行维护、检修。重点检查自动扶梯的毛刷、梳齿板和扶手带,确保在大客流时,自动扶梯能正常开启转换。

b.临时导向标志和隔离设备的准备。车站应储备一些临时导向标志、告示牌和铁马、伸缩铁围栏、隔离带等隔离设备,在大客流发生前,车站根据大客流的进出方向和客流组织的要求,选择适当位置张贴和摆放。

c.其他客运设备设施的准备。大客流发生前,车站还应准备人工语音广播和语音合成广播词、乘客咨询系统发布信息及急救药品、担架等,并根据车站工作人员的情况相应增加手提广播、对讲机等客运设备。

④控制车站客流。

采取站台客流控制、站厅付费区客流控制、出入口(站厅非付费区)客流控制三级客流控制方法。

a.第一级控制站台客流,控制点在站厅与站台的楼梯(或自动扶梯)口。车站应将站厅与站台之间的自动扶梯改为向上方向,避免客流交叉。

b.第二级控制付费区客流,控制点在进站闸机处。车站可根据实际情况适当关停部分自动售票机、关停进站闸机或将部分双向闸机设为只出不进,紧急情况下可以使用隔离带、铁马隔离进站闸机,以减缓乘客进入付费区的速度,防止付费区压力过大。

c.第三级控制非付费区客流,控制点在车站出入口处。车站组织人员人为地控制出入口的乘客进站速度,必要时可关闭部分出入口。

三、车站服务

一般来说,车站服务按内容不同可以分为票务服务、导乘服务、行车服务、问询服务、特殊服务、应急服务等几大类别。

1. 票务服务

凡是涉及车票、票务政策等票务内容的服务一般都属于票务服务,售票服务点如图8-6所示。

2. 导乘服务

导乘服务主要是指通过磁浮交通车站的各种导向标志、导乘广播、各种信息的发布等为乘客提供的导向服务。

(1)列车运营计划变更或列车运行不正常,对乘客正常乘车造成影响时,应及时通知乘客,必要时应采取有效措施疏导乘客;

(2)因系统或设备故障造成列车晚点时,要在列车上、车站内及出入口通过广播及告示告知乘客晚点的原因、进展及相关车票处理办法等信息,以便于乘客掌握列车运营及故障等情况,并据此做出继续等待或退票出站的决定。

3. 行车服务

磁浮交通的运营时间应根据当地居民的出行规律及其变化来确定和调整,调整前应及时公示。当由于事故或其他原因引起临时行车计划改变时,应根据客流变化合理调整,调整后应通过公告牌、广播等及时向乘客公布。

■ 图8-6
售票服务点

4. 问询服务

为了方便乘客对磁浮交通的了解,加强乘客与磁浮交通运营企业之间的沟通,磁浮交通运营单位应在互联网上开通官方网站,公布相关的行车信息、票务政策,开设乘客信箱;应设有乘客服务中心,开通咨询、投诉热线,安排专人接听电话,解答乘客问题,解决乘客投诉事件,在车站票务处、站厅等安排人员提供现场问询服务。

5. 特殊服务

磁浮交通属于公共交通系统,有其公益性的一面,应当承担社会公益责任。因此,在对老、幼、病、残、孕等特殊群体服务时,应该完善相关的服务,制定相关服务措施,提高服务质量。图8-7所示是长沙磁浮快线车站的爱心客服中心。

6. 应急服务

磁浮交通还应提供协助寻人、寻物等附加服务,例如:

（1）发现走失的儿童,应带领其至安全场所,并通过广播等方法联系其监护人或报警;

（2）接到失散人员的求助,应通过本站广播帮助寻找;

（3）如找到乘客丢失的物品,应暂时代为保管,并尽快寻找失主,一般情况下,如无人认领,则须交公安机关处理;

（4）磁浮交通车站应设有简易药箱及担架等救护物品,当遇到乘客身体不适时,应进行简单救治或拨打120等救助电话。

■ 图8-7 长沙磁浮快线车站的爱心客服中心

磁浮交通票务管理工作

单元 8.4

一、磁浮交通票务系统

1. 磁浮交通票务系统概述

磁浮交通票务系统是磁浮交通运营单位为乘客提供快捷、便利的出行,有效进行票务收入管理,合理配置运营系统(运营设备、运营模式)资源而建立的一套满足磁浮交通票务管理需求的系统。

磁浮交通票务系统是磁浮交通票务收入和结算的基础,只有通过安全、可靠和完备的自动售检票系统才能有效地实施票务的结算和清分。

2. 票务管理体系的业务系统

在磁浮交通运营管理中,票务管理对车票(票卡)流向、票款收入和自动售检票系统的运行情况进行总的监视、控制、协调、指挥和调度。票务管理工作直接影响运营企业的收入和经济效益,因此必须重视票务管理工作。磁浮交通票务系统的业务管理主要借助自动售检票系统来实现,其主要内容有票卡管理、规则管理、信息管理、账务管理、模式管理、运营监督等。

(1)票卡管理。票卡是乘客使用的车票,用于记载乘客的出行和费用信息,是乘车的有效凭证。票卡管理是对票卡的发行、使用、更新等全过程进行的有效管理。

(2)规则管理。为保证票务系统能够在多部门和多环节高效运行,就必须制定一整套科学、严密的规则、流程,包括票价策略、结算规则、权限管理和操作流程等。

(3)信息管理。信息化是自动售检票系统的一个基本特征,为进行有效的管理和决策提供可靠的信息支持,需要对系统收集的基础数据进行深度挖掘、加工,开展统计分析并发布信息。

(4)账务管理。账务管理是对系统内的票务收入进行汇缴、清算、入账等过程的管理,包括账户设置、票款汇缴、登账稽核、收益清算、资金划拨和对凭证进行有效管理等。

(5)模式管理。模式管理是针对不同的运营状况所做出的相应操作行为的选择和实施,包括正常运营模式、降级运营模式及相配套的运营管理。

(6)运营监督。运营监督是通过系统设备及其所具有的完整、严密、及时的信息流对运营状况进行实时跟踪监督,以提高运营质量和服务水平,它包括信息传输状况监督、客流状况监督、车票调配监督、收款监督及收益监督等。

3. 磁浮交通票制和票价

(1)票制

票制是票价制度的简称,主要有以下三种形式:

①单一票制。单一票制是根据乘车次数(完成一个完整的进、出站检票过程计为一次)进行计费,与实际乘坐的距离长短无关。

②计程票制。计程票制是经进、出站检票,严格按照实际乘坐距离长短(里程或乘坐车站数)并根据票价计费标准计算乘车费用。

③混合票制。混合票制也称为分区域(区间)计程制,即将运营线路总长度分为若干个区域(区间),根据票价计费标准,在各区域(区间)内采用同一票价。实际运营距离跨越一个或多个区域(区间)时,根据占用的区域(区间)数进行计费。

想一想

比较一下,不同的票制有何优缺点?

(2)票价

票价是指票面价格,是乘客乘车购票时应支付的钱款数。城市公共交通票价的定价方法主要有以成本为基础的定价、以市场供需为基础的定价和综合考虑整个社会综合效益的定价。

磁浮交通是城市公共交通的一种,带有公益性质,因此不能单纯地以营利为目的。票价的高低直接影响着客流量的大小和公共交通系统的吸引力。因此,磁浮交通票价的制定必须考虑以下几个方面的因素:

①磁浮交通系统运营成本;

②城市公共交通中其他交通方式的票价水平;

③城市经济发展水平与市民生活水平;

④政策因素,如物价政策、交通费补贴政策等。

在考虑上述因素后,适当兼顾城市发展的社会效益与磁浮交通运营企业的经济效益,确定较合适的价格。

二、自动售检票系统

1. 自动售检票系统概述

城市轨道交通自动售检票系统(Automatic Fare Collection System,

AFC)是基于计算机技术、网络技术、现代通信技术和自动控制等技术,实现轨道交通的售票、检票、计费、收费、统计、清分结算和运行管理等全过程自动化的票务管理系统。

城市轨道交通自动售检票系统是票务系统的实现手段之一,能有效地提高票务系统的管理水平和效益。建立路网自动售检票系统,可大量减少票务管理人员,提高城市轨道交通系统的运营效率和效益。同时,通过该系统对客流量、票务收入等综合业务信息进行汇总、分析,可以强化城市轨道交通的客流分析预测能力,合理地调配车辆,提高票务系统工作效率,进而提高网络化运营水平。自动售检票系统应采取集中监控和统一的票务管理模式,统一线网票务政策,统一各种运营模式和票务运作方式以及统一线网内车票的发行。自动售检票系统采用车站、线路票务中心、线网票务中心三级管理模式。

图 8-8、图 8-9 所示为国内自动售检票系统中较常用的两种设备。

■ 图 8-8
自动售票机

■ 图 8-9
自动检票机

2. 自动售检票系统的组成与功能

城市轨道交通自动售检票系统负责处理城市范围内众多轨道交通线路的售检票业务,涉及路网业务、线路业务、车站处理、终端处理和车票媒介等方面的内容。

根据业务和应用,城市轨道交通网络一般可分为 5 个层面:第一层为城市轨道交通清分系统(ACC),包含了城市公共交通"一卡通"系统;第二层为运行在轨道交通线路管理控制中心的 AFC 线路中央计算机系统(LCC);第三层为运行在线路各车站的 AFC 车站计算机(SC)系统;第四层为车站终端设备(SLE);第五层为 IC 卡车票,如图 8-10 所示。下面由下至上展开介绍。

(1)车票层(Ticket)。车票作为乘客所持的车费支付媒介和乘车的凭证,在进出付费区时在车站终端设备上检票,车票层规定了储值卡和单程票两种类型的物理特性、电气特性、应用文件组织及安全机制等技术要求。

(2) 车站终端设备(SLE)层。车站终端设备包括自动检票机(AGM)、自动售票机(TVM)、半自动售票机(BOM)、自动验票机(TCM)、便携式验票机(PCA)和自动充值机等。车站终端设备层和上层的车站计算机相连,同时直接售卖和处理车票。车站终端设备层规定了车站终端设备及其运营管理的技术要求。

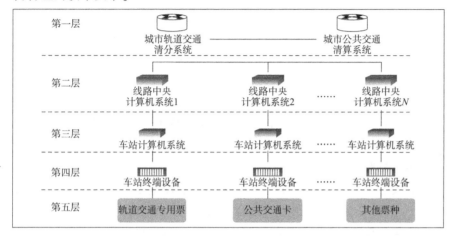

■ 图8-10
AFC系统层次结构

(3) 车站计算机(SC)系统层。车站计算机系统是车站AFC设备的管理控制中心,负责对车站终端设备的状态进行监控,收集本站产生的交易和审计数据,进行车站级的票务处理。

(4) 线路中央计算机系统(LCC)层。中央计算机系统是线路AFC系统的控制中心,负责线路内AFC的综合管理,包含运营管理、设备管理与监控、票卡调配、数据采集及分析等,并将产生的数据传送给城市轨道交通清分系统。线路层规定了对该线路的车票票务管理、运营管理及系统维护的技术要求。

(5) 清分系统(ACC)层。清分系统负责线网内各AFC系统的集中数据处理与运营监控,制定AFC线网级运行参数,负责线路间运营收益的清分,与城市公共交通"一卡通"系统连接,为AFC系统提供统一的外部系统接口。

3. 自动售检票系统的运营模式

通过中央计算机或车站计算机的设置,可使AFC系统处于不同的运营模式,以适应列车故障、大客流集中进站等各种非正常运营情况和火灾等紧急情况,确保乘客的利益或安全。

(1) 正常运营模式

采用计程、计时收费运营方式。乘客进出收费区均须持有效车票通过检票机检票后方能通行。检票机根据中央计算机设定的参数,自动扣减车费,储值票在显示余额后返还给乘客,单程票则进行回收。若车资不足或超过时间,乘客需补票。

(2)特殊运营模式

特殊运营模式主要有下列几种:

①列车故障时的运营模式:当列车故障时,部分车站可能处于停运状态,此时通过中央计算机或车站计算机的设置,允许已进入收费区的乘客和从故障列车上下来的乘客不收费通过出站检票机。单程票将不回收,乘客可在一段时间内(一般为7天)继续使用。如果乘客不准备继续使用,也可退票。

②超时、超程忽略的运营模式:由于站台拥挤、列车故障和发生事故等原因,列车跳站停车或运行时间延长,中央计算机或车站计算机可将有关车站设置为"超时忽略"或"超程忽略"运营模式,若乘客车资不足或超过时间不再补票。

③大客流集中进站时的运营模式:在大客流集中进站,而进站检票机能力不足时,可发售"应急票",乘客持"应急票"不通过进站检票机进站,此时中央计算机或车站计算机可将其他车站设置为"进站检票忽略"运营模式,允许持"应急票"的乘客通过出站检票机正常出站。

④紧急情况下的运营模式:当车站发生火灾、爆炸等危及乘客人身安全的情况时,为及时疏散收费区内的乘客,中央计算机或车站计算机将该车站设置成"紧急"运营模式。此时,检票机的闸门处于自由通过状态,以便乘客尽快撤离。

⑤高峰/非高峰运营模式:通过中央计算机的设置,将每日的运营时间分为高峰时段和非高峰时段,在非高峰时段内,对票价实行折扣优惠,以吸引客流或鼓励乘客在非高峰时段乘车。

自动售检票系统车站终端设备

(1)自动售票机(TVM)

自动售票机安装在非付费区,为乘客发售单程票,并提供储值卡的充值功能,支持硬币、纸币、手机电子支付等支付方式,并能够实现找零功能,通过一次交易可以发售多张车票。设备配有磁浮交通线网图和购票指南,方便乘客购票和操作。

TVM 的模块主要有:二维码模块、纸币模块、硬币模块、功放模块、单程票发售模块、乘客显示屏、维护面板、钱票箱、工控模块、状态显示、电源模块、读写器、储值卡模块、打印机等,如图8-11所示。

(2) 自动检票机(AGM)

AGM 安装在车站非付费区和付费区之间，起到对进站乘车的乘客执行检票进站，而对准备离开车站的乘客进行检票出站的作用。

AGM 通过读取和验证非接触性充值卡、单程票和各种移动支付手段来控制闸门的开合，从而达到控制乘客进出的目的。当进入时，乘客将储值卡、单程票和移动支付界面放在闸机读写器上，对车票的有效性进行检查，使持有有效车票的乘客迅速通过，并禁止持有无效车票的乘客通过。在闸机打开前，读写器会扫描验证，将乘客车票信息内置到票内或移动支付程序内。当出站时，乘客必须将储值卡、移动支付界面放在 AGM 读写器上或将单程票投入投币口，读写器会再次扫描乘客乘车信息、验证，并将新的信息写入卡或移动支付程序，之后，AGM 会打开闸门让乘客通过。

■ 图 8-11
TVM 外观结构

根据外观设备特点，AGM 分为扇门式（图 8-12）和转杆式（图 8-13）。根据功能，AGM 分为进站、出站、双向闸机；根据通道宽度，AGM 分为标准通道(520mm)和宽通道闸机(900mm)。

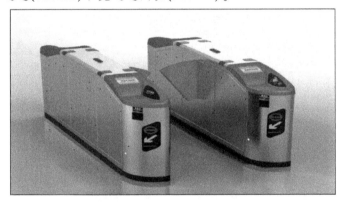

■ 图 8-12
扇门式 AGM

■ 图 8-13
转杆式 AGM

AGM 内部模块主要有：机芯、乘客显示屏、综合控制器、工控单元、功放模块、通行控制单元、读写器、单程票回收机构、通行指示器、导向标志、报警灯、身高传感器、通行传感器、二维码模块。

AGM 性能要求：从验票成功到扇门完全打开不超过 0.5s，通过能力不小于 50 人/min，无故障次数在 70000 次以上。

(3) 半自动售票机(BOM)

BOM 由磁浮工作人员在客服中心岗亭操作（图 8-14），发售各种类型的车票，同时兼具补票、充值、查验车票和票据打印等功能。

BOM 的主要功能包括售票、验票、充值、更新、退款、记名车票申请、车票挂失、延期等,并与 SC 联网,接收 SC 下达的各种参数和指令,向 SC 及 LCC 上传各种数据。

BOM 的主要部件有读卡器、乘客显示器、操作员显示器、钱箱、工控机、票据打印机、二维码扫码模块等。

(4)便携式验票机(PCA)

PCA 作为便携式验票机,由车站工作人员随身携带,可查询磁浮交通单程票、储值票等票卡的乘车记录、余额、有效期和黑名单等信息,通常用于车站自动售检票系统大面积故障、车站大客流或闸机检票能力不足等情况,可在不同的车站及不同的区域(付费区、非付费区)之间移动操作,如图 8-15 所示。

■ 图 8-14
BOM 工作场景示意图

■ 图 8-15
PCA

教学做一体化训练

知识测试

一、填空题

1. 电话闭塞法的行车凭证是_____。
2. DCC 是指_____。
3. 客流控制应遵循_____的原则。
4. 调度工作必须坚持_____的原则。

二、作图题

请画出调度指挥层级结构图。

学中做

1. 案例分析,分组讨论

××年9月27日14时37分左右,××地铁两列车在区间发生追尾冲突。事故调查后发现,地铁行车调度员在未准确定位故障区间内全部列车位置的情况下,违规发布电话闭塞命令。接车站值班员在未严格确认区间线路是否空闲的情况下,违规同意发车站的电话闭塞要求,导致前后同方向两列列车发生追尾冲突。

请同学们分组讨论,对磁浮列车,信号设备发生故障时,使用电话闭塞法行车,有哪些安全注意事项?

2. 实训项目

因暴雨天气,某路段交通全面堵塞,在该路段内的大型音乐会演出结束后,大约5000名观众要改道转乘磁浮交通疏散。要求学生按人数分为6~8人为一组,分小组在校内城市轨道交通综合实训室进行模拟演练。

(1) 训练目的

通过本训练,进一步掌握大客流的组织方法,培养良好的沟通协调能力和团队合作能力。

(2) 训练要求

① 各小组依据大客流的控制原则、组织措施和作业流程制定本小组的演练方案。

② 对学生制定的方案,教师一方面要及时掌握动态;另一方面要适时组织各小组对方案要点进行交流,使学生不断修正完善演练方案。

(3) 评价方式

以学习小组为单位,将方案上传至职教云平台,由教师、企业导师和学生代表共同完成评价,教师评价占60%,学生评价占40%。

中低速磁浮交通安全管理

模块 9 中低速磁浮交通概论

模块描述

通过对中低速磁浮交通安全管理工作的认知，并结合线上线下自主学习，可了解安全管理的重要性和必要性，以及安全管理工作的主要工作内容和作用，有助于对磁浮交通安全工作进行充分理解、并自觉遵守和学习。

知识目标

1. 知道安全基本常识。
2. 认识安全管理基本工作。
3. 了解安全风险管控的基本常识。
4. 了解安全风险排查的基本常识。

技能目标

1. 掌握安全工作基本要求。
2. 能辨识安全管理重点。
3. 能掌握安全排查的基本要求和方法。
4. 能执行安全生产规定。

思政目标

1. 树立磁浮交通运营安全职业素养。
2. 通过分析磁浮交通运营风险，树立遵章守纪的职业素养。
3. 通过轨道交通典型安全案例，培养安全精细化管理的"工匠精神"。

建议学时

2课时

中低速磁浮交通安全管理工作　9.1

一、安全与安全生产

安全是在人类生产过程中,将系统的运行状态对人类的生命、财产、环境可能产生的损害控制在人类不感觉难受的水平以下的状态。

安全生产是指采取一系列措施使生产过程在符合规定的物质条件和工作秩序下进行,有效消除或控制危险和有害因素,无人身伤亡和财产损失等生产事故发生,从而保障人员安全与健康、设备和设施免受损坏、环境免遭破坏,使生产经营活动得以顺利进行的一种状态。

一般意义上讲,安全生产是指在社会生产活动中,通过人、机、物料、环境、方法的和谐运作,使生产过程中潜在的各种事故风险和伤害因素始终处于有效控制状态,切实保护劳动者的生命安全和身体健康。也就是说,为了使劳动过程在符合安全要求的物质条件和工作秩序下进行,防止人身伤亡、财产损失等生产事故,消除或控制危险有害因素,保障劳动者的安全健康,避免设备设施受损坏、环境受破坏的一切行为。

安全生产是安全与生产的统一,其宗旨是安全促进生产,生产必须安全。搞好安全工作,改善劳动条件,可以调动职工的生产积极性;减少职工伤亡,可以减少劳动力的损失;减少财产损失,可以增加企业效益,促进生产的发展;而生产必须安全,则是因为安全是生产的前提条件,没有安全就无法生产。

二、安全管理工作

安全生产管理就是针对人们在安全生产过程中的安全问题,运用有效的资源,发挥人们的智慧,通过人们的努力,进行有关决策、计划、组织和控制等活动,实现生产过程中人与机器设备、物料、环境的和谐,达到安全生产的目标。

党和国家高度重视生产安全工作,经国务院批准,由国家经委、国家建委、国防工办、国务院财贸小组、全国总工会和中央广播事业局等十个部门共同作出决定,于 1980 年 5 月在全国开展安全生产月(1991—2001 年改为"安全生产周"),并确定今后每年 6 月都开展安全生产月,使之经常化、制度化。如图 9-1 和图 9-2 所示,2022 年 6 月——第 21 个全国"安全生产月"启动仪式,主题为"遵守安全生产法　当好第一责任人"。

■ 图9-1
第21个全国"安全生产月"
启动仪式

■ 图9-2
第21个全国"安全生产月"主题

1. 安全管理工作的指导思想

安全生产工作必须树立安全发展理念,坚持"安全第一、预防为主、综合治理"的方针,从源头上防范化解重大安全风险。安全管理工作应坚持以习近平新时代中国特色社会主义思想为指导,认真落实党中央、国务院决策部署,牢固树立和贯彻落实新发展理念,以切实保障磁浮交通安全运行为目标,完善体制机制,健全法规标准,创新管理制度,强化技术支撑,夯实安全基础,提升服务品质,增强安全防范治理能力,为广大人民群众提供安全、可靠、便捷、舒适、经济的出行服务。

2. 安全管理工作的基本原则

(1)以人为本,安全第一。安全管理工作坚持"以人民为中心"的发展思想,应当以人为本,坚持人民至上,生命至上,把保护人民生命安全、财产安全摆在首位,不断提高中低速磁浮交通安全水平和服务品质。

(2)统筹协调,改革创新。国务院和县级以上各级人民政府应当对安全生产管理工作进行领导、支持、监督,建立健全安全生产工作协调机制,互相配合,齐抓共管,信息共享,加强协调衔接,构建运营管理和公共安全防范技术体系,提升风险管控能力,依法加强安全生产监督管理工作。

(3)预防为先,防处并举。磁浮交通运营管理单位应构建风险分级管控和隐患排查治理双重预防制度,组织建设并落实安全风险分级管控和隐患排查治理双重预防工作机制,加强应急演练和救援力量建设,完善应急预案体系,提升应急处置能力。

(4)属地管理,综合治理。安全生产工作应当实行管行业必须管安全,管业务必须管安全,管生产必须管安全,强化和落实生产经营单位的主体责任与政府监管责任,建立生产经营单位负责、职工参与、政府监管、行业自律和社会监督的机制。城市人民政府对辖区内中低速磁浮交通安全运行负总责,充分发挥自主权和创造性,结合本地实际构建多方参与的综合治理体系。

3. 安全生产管理的目标

减少和控制中低速磁浮交通事故,尽量避免生产过程中由于事故造成的人身伤害、财产损失、环境污染以及其他损失。安全生产包括安全生产法治管理、行政管理、监督检查、工艺技术管理、设备设施管理、作业环境和条件管理等方面。

4. 安全生产管理的基本对象

企业的员工(包含企业中的所有人员)、设备设施、物料、环境、财务、信息等各个方面。

三、安全管理工作的主要内容

1. 安全基础管理

(1)安全组织管理

安全组织是安全管理的实施主体,负责安全的组织领导、协调平衡、监督检查工作,使安全管理体制有效地正常运转,保证中低速磁浮交通安全目标的实现。

(2)安全法规管理

要求严格遵循国家有关法律、法规及条文的规定,对中低速磁浮交通各种规章制度和作业标准进行研究、制定、修改、完善、贯彻和落实,使安全管理工作做到有法可依、有章可循。

(3)安全技术管理

要求正确执行国家有关技术政策、标准、规程及行业标准,为中低速磁浮交通运营安全提供可靠的技术依据和技术措施,充分发挥科技是第一生产力的作用,不断吸收现代科技先进成果,促进运营安全管理科技含量日益提高。

(4)安全教育管理

为了实现中低速磁浮交通运营安全,必须通过各种形式和方法,对公司广大干部和职工进行经常性的安全思想、安全知识、安全技能、事故应急处理等内容的教育。对新入职员工,按规定开展公司级、部门级、车间级三级安全教育培训,经考核达标后,方准持证上岗。

(5)安全资金管理

安全资金管理是对保证中低速磁浮交通运营安全所需资金的筹集、调拨、使用、结算、分配等,并进行安全投资的经济评价与经济分析,实行财务监督等。

2. 安全重点管理

(1)人员安全重点管理

要求管理者通过开展安全活动、安全教育培训、安全奖惩、劳动组织等制度来控制人的不安全行为,预防事故的发生。

(2)设备安全重点管理

要求建立中低速磁浮交通设备安全管理制度,加强对设备的养护维修,加快设备更新改造速度,保证安全技术装备重点项目顺利实施等。

(3)环境安全重点管理

要求磁浮交通企业管理通过改善可控的内部环境(作业环境和内部行为环境)来适应不可控的外部环境(自然环境和外部社会环境),体现良好的工作、学习和生活秩序,保障员工身心健康,保证运营安全。

(4)作业安全重点管理

要求对中低速磁浮交通运输现场作业进行重点控制;标准化作业控制通过学标、对标、贯标、达标,实现常态化;非正常情况下作业控制根据非正常情况下的作业特点,采取相应的措施和办法,防止酿成事故;相关部门互相监督,多个工种、岗位共同预防。

3. 安全事后管理

中低速磁浮交通运营事故发生后,主管部门和有关单位严格按照《中华人民共和国安全生产法》中关于事故应急救援与调查处理的条款要求,迅速采取有效措施,组织抢救,防止事故扩大,减少人员伤亡和财产损失,立即如实报告当地负有安全生产监督管理职责的部门,不得隐瞒不报、谎报或者迟报,不得故意破坏事故现场,毁灭有关证据。按照事故调查处理"四不放过"原则,及时、准确查清事故原因,查明事故性质和责任,制定防范措施,以防止同类事故重复发生,并应当依法及时向社会公布。运营事故调查处理主要工作包括事故通报、调查处理、责任判定、统计分析、总结报告等。

中低速磁浮交通安全风险管控

一、安全风险分级管控

1. 安全风险分级管控的定义

安全风险分级管控是对中低速磁浮交通运营过程中存在的安全生产风险点进行辨识、评估，确定风险等级，采取相应管控措施，实施风险动态管理的活动。

2. 安全风险分类

基于中低速磁浮交通技术特点和行业经验，安全风险按照业务板块分为设施监测养护类风险、设备运行维修类风险、行车组织类风险、客运组织类风险、运行环境类风险等。

(1)设施监测养护类风险：桥梁、隧道、轨道、路基、车站、控制中心和车辆基地等方面的风险。

(2)设备运行维修类风险：车辆、供电、通信、信号、机电等方面的风险。

(3)行车组织类风险：调度指挥、列车运行、行车作业、施工管理等方面的风险。

(4)客运组织类风险：车站作业、客流疏导、乘客行为等方面的风险。

(5)运行环境类风险：生产环境、自然环境、保护区环境、社会环境等方面的风险。

3. 安全风险等级

中低速磁浮交通运营安全风险从高到低划分为重大、较大、一般、较小四个等级，风险等级由风险点发生风险事件的可能性和后果的严重程度的组合决定。

二、安全风险管理工作

安全风险管理是研究风险发生规律和风险控制技术的一门科学，具有前瞻性、目标性、计划性、经济性和管理性等特点。磁浮交通运营风险管理一般包括风险辨识、风险评估、风险等级划分、风险控制等四个方面。下文重点对风险辨识、风险评估、风险控制展开论述。

1. 风险辨识

风险辨识一般根据风险分析人员的个人经验、历史数据,并结合专家调查等方法进行,具体实践中,可以按照事故类别从人、机、环、管等四方面查找危险源。例如,从行车事故、非行车事故、职业伤害、火灾、恐怖事件、治安事件、自然灾害、交通事故等事故事件类型入手,限定于具体的事故事件,明确存在的区域、涉及的活动范围和设备设施、风险源的管理单位等,将上述内容填入风险源识别评价表以形成汇总评审表。风险源查找的递交流程可自下而上进行。上级部门明确风险源的具体查找方式和范围,然后自下而上,从各专业到部门,再到专业管理部门、风险控制委员会,层层把关,层层负责。

2. 风险评估

风险评估是对辨识出的风险,根据一定方法评估其风险率、发生概率及后果程度等。

风险评估一般采用风险矩阵图法来评估风险源。以经验和知识为基础对查找出的风险源分别评估其发生的概率和可能产生的严重程度。但在风险评估工作中,往往存在着一种风险源可能产生一种或几种事故(故障)的可能性,这些可能产生的事故(故障)会导致不同程度的危害。此时,就要将各种可能发生的事故(故障)的情况按照危害程度从大往小排列,分别进行研究和改进。对各项风险源应分别进行评估,排列等级,制定相应措施。

除上述方法外,风险评估还有预先危险性分析法、事故树分析法、事件树法、层次分析法等方法。

合理控制风险,寻找最少损失和最优的安全投资效益是安全评估的目的之一。在中低速磁浮交通运营前和运营期间,严格按照《城市轨道交通正式运营前和运营期间安全评估管理暂行办法》(交运规〔2019〕16号),综合评判运营安全状态,及时排查安全隐患。

3. 风险控制

在风险评估和风险定级的基础上,采取适当措施和对策控制风险、降低风险,就是风险控制。风险对策可以分为主动应对对策和被动应对对策。

(1)主动应对对策

风险回避:如磁浮交通车辆上线前进行严格的检查,并在使用周期内对车辆设备进行更换。

风险控制:如制定合理的设备检修周期,确保设备正常运行;对重点设备采取监控措施,严格控制其运行状态,保证设备良好。

风险转移:如将重要的信息数据转移备份;或者采用保险的方式,合理规避事故导致的财产损失或人员伤亡风险。

风险自担:是一种由企业自行设立基金、自行承担风险损失发生后财务后果的处理方式。它与保险形成了一种互补的关系,但其效果有限,要和保险结合使用,才能使风险管理达到预期效果。

(2)被动应对对策

突发事件产生后要及时采取补救措施,减少损失和影响。比如,制定不同级别的应急预案、组建应急队伍、配备应急救援工具等,一旦出现险情,及时启动应急预案,组织施救。

不同的磁浮交通运营管理单位采取的风险控制措施会存在一定的区别,但也存在一些共性的措施,可以相互借鉴。比如,可从人、机、环、管这四个方面分别制定控制措施,防范风险源。

在运营安全风险管理中,通过识别风险、量化风险、评价风险、防范风险,建立磁浮交通运营管理单位运营风险管理办法,开发危险源和安全信息管理系统,实现危险源的闭环管理;建立事故档案,让员工从事故中学习经验、掌握技能、提高处置能力。

同时,从事故案例中了解事故的成因,归纳事故的症结,变被动管理为主动管理,以杜绝相同事故重复发生。这一系列措施可保障风险管理的持续性和有效性。

三、安全风险隐患排查

1. 安全风险隐患排查的内容

隐患排查治理是对城市轨道交通运营过程中人的不安全行为、物的不安全状态、环境的不安全因素、管理上的缺陷导致的风险管控措施弱化、失效、缺失等进行排查、评估、整改、消除的闭环管理活动。

2. 安全风险隐患等级

隐患分为重大隐患和一般隐患两个等级。重大隐患是指中低速磁浮交通在运输生产中可能直接导致安全生产事故或列车脱轨、列车冲突、列车撞击、列车挤岔、火灾、桥隧结构坍塌、车站和轨行区淹水倒灌、大面积停电、客流踩踏等运营险性事件发生的隐患,一般具有危害和治理难度大、易造成全线/区段停运或封闭车站、关键设施设备长时间停止运行、需要较长时间治理方能排除、本单位自身难以排除等特点。一般隐患是指除重大隐患外,其他可能影响运营安全的隐患,一般具有危害或治理难度较小、能够快速消除等特点。

3. 安全风险隐患排查的方式

隐患排查包括日常排查、专项排查等方式。日常排查是指磁浮交通运营管理单位结合班组、岗位日常工作组织开展的经常性隐患排查,排查范围应覆盖日常生产作业环节,每周应不少于1次。专项排查是运营单位在一定范围、领域组织开展的针对特定隐患的排查,可与运营单位专项检查、安全评估、季节性和关键时期检查等工作结合开展。遇到以下情况之一的,应开展专项排查:

(1)中低速磁浮交通关键设施设备更新改造;
(2)以防汛、防火、防寒等为重点的季节性隐患排查;
(3)重要节假日、重大活动等关键运输节点前;
(4)重点施工作业进行期间;
(5)发生重大故障或运营险性事件;
(6)根据政府或有关管理部门安全部署;
(7)需开展专项排查的其他情况。

4. 安全风险隐患排查的处理

隐患排查过程中,发现情况较为紧急的,磁浮交通运营管理单位应立即采取划定隔离区域、员工现场盯控等防范措施,并及时告知相关人员,防范事态扩大;情况特别紧急的,应视情况采取人员疏散、停止作业或停用有关设施设备、封锁线路或关闭车站等安全控制措施,确保运营安全。

对排查出的一般隐患,运营单位应立即组织消除,并加强源头治理,避免问题重复发生;无法立即消除的隐患,应分阶段细化整治措施,未整改完毕前应制定可靠的安全控制和防范措施。

一般隐患整改完成后,由运营单位部门负责人或相关专业技术人员复核确认销号。

对排查出的重大隐患,磁浮交通运营管理单位应立即上报磁浮交通运营主管部门,由主管部门挂牌督办,督促有关责任单位制定并实施严格的隐患治理方案,做到责任、措施、资金、时限和预案等落实到位。隐患治理方案应自排查出重大隐患之日起15个工作日内报送磁浮交通运营主管部门。重大隐患未整改完毕前应制定可靠的安全控制和防范措施,整改完成后,由运营单位负责人组织验收销号,形成明确验收结论,并于3个工作日内报送磁浮交通运营主管部门。

对治理难度大、影响范围广、危险程度高、涉及部门多、难以协调整治的重大隐患,磁浮交通运营主管部门应及时报告人民政府协调解决。

磁浮交通运营管理单位应建立隐患排查治理工作台账,记录隐患排查治理情况,内容至少包括隐患内容、排查人员、排查时间、隐患等级、主要治理措施、责任人、治理期限、治理结果、未能立即消除期间的临时措施等。

磁浮交通运营管理单位应结合运营管理水平和运营险性事件等情况进行安全生产排查,逐项确定安全风险等级并制定风险管控措施,形成本单位运营安全风险数据库(简称风险数据库),内容至少包括业务板块、风险点(工作单元/操作步骤)、风险描述、风险等级、管控措施、责任部门及责任岗位、责任人等。

教学做一体化训练

知识测试

一、填空题

1. 中低速磁浮交通运营安全风险等级从高到低划分为_____、_____、_____、_____四个等级。
2. 安全风险隐患分为_____和_____两个等级。

二、简答题

1. 简述安全生产的定义。

2. 简述安全管理工作的原则。

3. 简述安全风险的分类和等级。

4. 简述安全风险排查的方法。

学中做

某磁浮公司车站值班员在夜班当班期间精神不振，瞌睡打盹，被值班干部发现后，该值班员辩称："没列车运行时，难道不能休息？"请结合磁浮安全管理要求，对该值班员的行为进行分析。请结合情境，分组进行角色扮演。

中低速磁浮交通应急管理

模块 10 中低速磁浮交通概论

模块描述

通过对应急工作的学习，并结合线上线下自主学习，可掌握应急工作的组织体系、岗位职责、信息报告、应急响应、处置措施和事后处置等方面的知识。通过演练，掌握应急处置技能。通过案例分析，感悟职场素养。

知识目标

1. 知道应急突发事件及应急预案的种类及等级。
2. 了解应急组织机构及岗位职责。
3. 学习应急预案的一般性处置原则和方法。

技能目标

1. 掌握应急突发事件的分级要素。
2. 掌握各种应急预案的隶属关系。
3. 能够认知应急组织机构的岗位职责。
4. 能够说出应急响应工作要点。

思政目标

1. 学习安全生产法律知识，了解磁浮交通安全应急工作的重要性和必要性。
2. 感悟磁浮交通员工遵章守纪的职业素养。

建议学时

2课时

10.1 中低速磁浮交通突发事件及应急救援

▇ 图 10-1
长沙磁浮快线

安全是中低速磁浮交通运营的基础条件和重要保障，也是考核运营单位的主要技术指标。图 10-1 所示为截至 2022 年 5 月 6 日，安全运营 6 周年的长沙磁浮快线。

一、突发事件

突发事件是指在公司已开通运营的线路所辖区域及设施内（含车站、控制中心、车辆段、区间、主变电所、磁浮交通保护区等），发生的和可能发生的对人民群众生命财产和磁浮交通正常运营秩序产生威胁的事件。

1. 事件种类

（1）事件灾难：主要包括火灾、爆炸、列车脱轨、列车冲突、列车颠覆、接触网断线、严重水浸、大面积停电、磁浮交通建筑物坍塌等。

（2）自然灾害：主要包括山体滑坡、暴雨、泥石流、地震、台风、冰、雪、雹、雷等可能导致磁浮交通运营中断的突发事件。

（3）公共卫生：主要包括恶性传染病疫情、食品安全与职业危害事件等。

（4）社会安全：主要包括突发性大客流、恐怖袭击事件、重大刑事案件（如炸弹恐吓、毒气、劫持）、有毒化学物质泄漏、放射性物质扩散等。

2. 突发事件等级

根据严重性、可控性和影响范围，突发事件可分为特别重大事故（Ⅰ级）、重大事故（Ⅱ级）、较大事故（Ⅲ级）、一般事故（Ⅳ级）四级。

参考《生产安全事故报告和调查处理条例》，以特别重大事故为例，特别重大事故构成条件是：

（1）人员死亡 30 人以上；

（2）人员重伤 100 人以上；

（3）直接经济损失 1 亿元以上。

二、应急救援组织架构

1. 组织架构

当前,安全生产越来越受到各级政府及群众的高度关注,应急救援组织体系已经成为国家维持运输系统正常运转的重要支撑体系之一。参考《国家处置城市地铁事故灾难应急预案》的规定,城市地铁事故灾难应急处置组织机构分为三个层级:国家应急机构、省市级应急机构和城市轨道交通企业事故灾难应急机构。

2. 应急救援工作

轨道交通由于空间狭小且相对封闭,车站及列车人员密集,设备设施有限,工作人员较少,给应急救援带来很大困难。突发事件应急救援的总目标是通过要有效的应急救援行动,尽可能地降低事故的损失和后果。

一般情况下,磁浮交通应急救援的工作任务主要有应急响应,疏散,事故救援,恢复运营,事故善后处理等几方面,如图 10-2 所示。

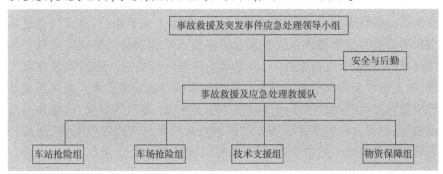

■ 图 10-2
某磁浮公司应急救援组织架构

三、应急救援组织岗位职责

1. 应急处理领导小组

应急处理领导小组由磁浮交通运营领导单位领导班子成员和各部门负责人组成,主要职责是:组织制定磁浮交通运营管理单位突发公共事件应急预案,指挥和协调处理突发公共事件,协助市有关部门调查处理突发公共事件。

2. 应急处理工作组

应急处理工作组由磁浮交通运营管理单位安全管理委员会成员组成,主要职责是:组织制定完善磁浮交通运营突发事件专项预案;确定运营突发事件的等级和预警级别;组织、协调、指挥磁浮交通运营管理单位员工参与或配合外部支援单位进行应急处理;组织磁浮交通运营管理单位各部开展专业应急演习和应急宣传教育等工作。负责组织行车重大、大事故的调查工作。

3. 安全管理部门

特别重大事故的调查处理根据《生产安全事故报告和调查处理条例》及省、市有关规定进行调查处理,其他等级事故按照《中低速磁浮交通公司事故调查处理规则》相关规定进行调查处理。当事故调查交由上一级部门负责时,安全管理部门积极做好协作配合工作。

4. 控制中心

控制中心是磁浮交通运营管理单位事故救援及突发事件调度指挥中心,主要职责是:组织、协调、调度磁浮交通运营管理单位各部门之间的事故救援及应急处理工作;向公司相关部门及市应急指挥中心发布信息,为应急处理提供决策依据;协助、配合市应急指挥中心处理突发公共事件。

5. 事故救援及应急处理救援队

事故救援及应急处理救援队由维修救援队和车辆救援队等组成,队长分别由设备管理部门和车辆运管部门副主任以上人员担任,队员应包括两部所属抢险救援所需各专业技术业务主管人员和安全监察或安全员。其主要职责:在队长现场指挥下,协助现场应急处理负责人进行救援抢险工作;作为磁浮交通设备系统各专业代表向现场应急处理负责人提供相关设施设备救援抢险的技术支持;提供救援抢险物资、器材的供给、运输和人员运送等;在突发公共事件现场关键控制点组织参与救援抢险工作、落实现场应急处理负责人的指令;与市有关部门做好协调、配合工作。

6. 车站抢险组

车站抢险组组织、指挥车站救援抢险工作,由车站值班站长负责,由车站值班人员和到车站支援的磁浮交通工作人员组成。

7. 车场抢险组

车场抢险组组织、指挥车场救援抢险工作,由 DCC 值班主任负责,由车辆段值班人员和到车辆段支援的磁浮交通工作人员组成。

8. 物资保障组

物资保障组提供救援抢险所需物资,由物资部门和后勤部门负责。

9. 运输保障组

运输保障组提供救援抢险所需的交通工具,由后勤部门负责。

中低速磁浮交通应急预案及培训演练

一、应急预案

1. 应急预案的作用和分类

为了建立健全突发事件处置工作机制,科学、有序、高效地应对运营突发事件,最大限度地减少人员伤亡和财产损失,维护社会正常秩序,磁浮交通运营管理单位应根据突发事件的性质和影响程度,制定应急预案体系,包括:公司级综合应急预案、公司级专项应急预案、部门级现场处置方案。在方案中明确事前、事发、事中、事后的各个过程中各级、各部门及有关人员的职责。

突发事件应对工作实行预防为主、预防与应急相结合的原则。建立统一领导、综合协调、分类管理、分级负责、属地管理为主的应急管理体制和重大突发事件风险评估体系,对可能发生的突发事件进行综合性评估,减少重大突发事件的发生,最大限度地减轻重大突发事件的影响。

应急预案是指面对突发事件如自然灾害、重特大事故、环境公害及人为破坏的应急管理、指挥、救援计划等,其一般应建立在综合防灾规划上。其几大重要子系统为:完善的应急组织管理指挥系统,强有力的应急工程救援保障体系,综合协调、应付自如的相互支持系统,充分备灾的保障供应体系,体现综合救援的应急队伍等。

应急预案分为综合应急预案、专项应急预案、现场处置方案。

(1)综合应急预案从总体上阐述事故的应急方针、政策,应急组织结构及相关应急职责,应急行动、措施和保障等基本要求和程序,是应对各类事故的综合性文件,是磁浮交通运营管理单位应急预案体系的总纲,是应对各类事故的综合性文件。

(2)专项应急预案是针对具体的事故类别(如大面积停电、车站火灾等)、危险源和应急保障而制订的计划或方案,应按照应急预案的程序和要求组织制订,并作为综合应急预案的附件。专项应急预案应制定明确的救援程序和具体的应急救援措施。公司级专项应急预案主要包括:自然灾害、事故灾难、突发公共卫生事件、突发社会安全事件等。

(3)现场处置方案是针对具体的装置、场所或设施、岗位所制定的应急处置措施。现场处置方案应具体、针对性强。现场处置方案应根据风险评估及危险性控制措施逐一编制,做到事故相关人员应知应会,熟练掌握,并通过应急演练,做到迅速反应、正确处置。

2. 应急预案的处理原则

(1) 快速反应原则

事故发生后,接到事故通报的人员应迅速逐级汇报,并以最快速度赶赴现场;抢险救援人员应在公司规定的时间内赶到现场,并立即投入现场抢险处理工作。

(2) 属地负责原则

事故发生后,整个处理过程自低向高分为三个层级:第一层级为现场应急处理小组,第二层级为救援抢险处理小组,第三层级为事故调查处理小组。只有当上一层级处理小组到达现场后,次一层级处理小组才能移交现场处理权,并向上一层级处理小组报告处理进展情况。

① 现场应急处理小组。

在救援抢险处理小组未到达现场前,现场应急处理由现场应急处理小组组长负责,小组长按以下办法自然产生。

当事故直接影响到行车组织、客运服务及线路施工时:若发生在区间,由涉及列车的由司机担任;当事故发生在区间邻近车站,值班站长(或站长)到达事故现场后,由该值班站长(或站长)接任;若发生在车站或车场,由值班站长(或站长)或值班主任/车辆段调度担任。

当事故未直接影响行车组织、客运服务及线路施工时,则由管辖责任部门当值的班组长或现场最近最高职务者担任。

② 救援抢险处理小组。

各部门各专业救援抢险队到达现场后,现场的救援抢险指挥由救援抢险处理小组组长负责,其小组长由总调度室控制主任根据具体情况指定,副组长由相关其他部门救援抢险队队长担任。

③ 事故调查处理小组。

公司事故救援队由设备救援队和车辆救援队组成,接到事故发生的通报后,迅速赶赴现场,实施事故现场处理。

运营中发生人员伤亡事故,按先抢救受伤者,及时排除故障,尽快恢复正常运行,后处理事故的原则处置,并及时向有关部门报告;同时配合公安部门及时对现场进行勘查、检验,依法进行现场处理。

在事故灾害处置过程中,事故调查处理小组配合政府部门做好应急信息发布、交通管制、医疗卫生救助、社会力量参与抢险等工作。

二、培训演练

1. 应急预案的培训

应急预案的执行,需要各部门和各岗位的密切合作配合,所有工种和岗位必须熟知应急预案的程序和要求,培训可使因人造成的事故大幅度减少,使事故的影响降到最低,提升事故应急救援效果。应急预案培训应达到"五有标准":有完整的培训机制,有规范的培训教材,有适宜的培训防范,有科学的考核标准,有显著的培训效果。

对新从业或上岗人员必须进行公司级、部门级、班组级三级安全教育培训,做到熟知三级预案体系。

2. 应急预案的演练

应急预案的演练是检验、评价和保持应急能力的重要手段。通过演练,可以发现预案存在的问题和缺陷,发现应急资源的不足,从而改善应急部门、机构和个人之间的沟通协调,增强工作人员应对突发事故救援的信心和应急意识,提高应急救援人员的熟练程度和响应能力,增强各级预案之间的协调性和整体的应急反应能力。在演练结束后,及时评价演练效果,提交演练报告,详细说明演练中存在的问题,及时处理并整改完善,从而确保预案的高效性和实效性。

应急预案演练一般可以分为桌面演练、功能演练和全面演练。

参考《城市轨道交通运营突发事件应急演练管理办法》规定,城市轨道交通运营主管部门应在人民政府的领导下,会同公安、应急管理、卫生等部门开展专项应急预案演练、部门应急预案演练。演练应设置具体场景,每年至少组织一次实战演练,重点磨合和检验各单位和部门间的协同联动机制等,专项应急预案演练与部门应急预案演练可合并开展。

对跨城市运营的城市轨道交通线路,线路所在城市的城市轨道交通运营主管部门每3年至少组织一次联合应急预案演练。

运营单位综合应急预案演练应依托专项应急预案,每半年至少组织一次实战演练,重点检验运营单位各部门、应急救援组织及相关单位间的协同联动机制。城市内有多家运营单位的,运营单位之间应针对换乘线路每年至少组织一次联合应急预案演练。

运营单位每半年至少组织一次专项应急预案演练。每个专项应急预案每3年至少演练一次。年度应急演练计划中实战演练比例不得低于70%,鼓励采用事前不通知演练时间、地点和内容的突击式演练。

运营单位综合和专项年度应急演练计划应在确定后的20个工作日内报城市轨道交通运营主管部门。

运营单位应根据岗位特点和运营需要,有针对性地加强重点岗位、重点内容的演练,磨合和检验作业人员现场处置能力。现场处置方案演练应纳入日常工作常态化开展,每个班组每年应将有关的现场处置方案至少全部演练一次,不同现场处置方案的演练可合并开展。

3. 各岗位应急演练的内容

(1)行车调度员:列车事故/故障、列车降级运行、列车区间阻塞、设施设备故障清客、火灾、临时调整行车交路、线路运营调整及故障抢修、道岔失去表示等。

(2) 系统调度员:大面积停电、供电区段失电、电力监控系统离线、区间火灾、区间积水等。

(3) 列车司机:列车事故/故障、列车降级运行、区间乘客疏散、列车连挂救援、非正常交路行车等。

(4) 行车值班员:非正常情况下的行车进路办理、列车接发作业、道岔失去表示、车站乘客疏散、抢修作业办理、火灾、客伤等。

(5) 车站服务人员:大客流组织、乘客应急疏散、火灾、客伤、站台门故障等。

(6) 设施设备维护人员:土建结构、轨道线路、车辆、供电、通信、信号等关键设施设备故障抢修。

运营突发事件应急演练应遵循全面覆盖、总专结合、协同联动、有效融合的原则。

（知识拓展）

信 息 通 报

磁浮交通运营管理单位应建立快速有效的信息传递系统,规范信息传递制度,理顺信息传递渠道,加快突发信息传递速度,以提高应对突发事故(件)的处置能力,减少事故(件)对运营的影响。

1. 信息通报的原则

事故救援及突发事件信息通报应遵循迅速、准确、完整的原则,任何员工发现或接到突发事件信息,均应立即执行规定的通报流程,不得延误、中断或缺漏。

2. 信息通报内容

(1) 报告人姓名、职务、单位;

(2) 事件发生类别、时间、地点;

(3) 事件发生概况、原因(若能初步判断)及影响运营程度;

(4) 人员伤亡情况、设施设备损坏情况;

(5) 已采取的措施;

(6) 任何需要的援助(包括救援、救护、支援);

(7) 其他必须说明的内容及要求。

3. 信息通报采取的通信方法

(1) 同一现场人员信息通报可采用面对面口述;

（2）不同地点各岗位间信息通报可使用信息群呼、直通调度电话、内线电话、无线电台、公用电话及移动电话等通信工具，竭力保障信息迅速传递。

4. 信息通报流程（图10-3）

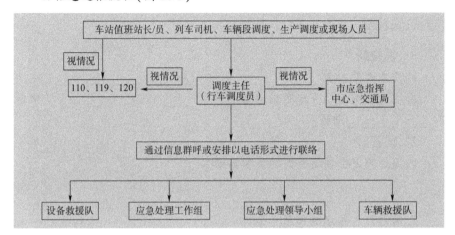

■ 图10-3
信息通报流程

教学做一体化训练

知识测试

一、填空题

1. 应急预案分为_____、_____和_____三种。
2. 应急预案演练一般可以分为_____演练、_____演练和_____演练。

二、简答题

1. 简述突发公共事件的种类和等级。

2. 简述应急预案的作用和分类。

3. 应急预案的处理原则有哪些？

4. 简述信息通报的流程。

学中做

新闻解读：为积极响应国家"安全生产月"活动的要求，××磁浮公司组织开展了消防应急演练。活动模拟了发生火灾后人员紧急预案启动程序，示范了如何自救和展开救援。项目部还邀请安防人员就灭火器等消防设施如何正确使用，事故报警、人员逃生、现场救护与其他应急准备，以及各组之间的协调分工进行了讲解、演示。此次应急演练不仅检验了项目部事故应急预案中火灾专项应急预案的可行性，提高了项目人员的应急救援能力，还检验了项目人员对消防灭火器材正确使用的熟练程度，以及遭遇火灾险情时的救援和报警知识。此次消防应急演练提高了项目人员的安全意识，加强了人员处理安全生产突发事故的能力，为安全施工和生产的稳定奠定了坚实基础。

请同学们分组讨论应急演练的作用，并描述车站工作人员在应急处置工作中的职责。

请同学们分组对突发事件进行模拟演练。

附录 中低速磁浮交通专业术语中英文对照表

序号	中文名称			英文全称	英文简写
1	列车自动运行/列车自动驾驶			Automatic Train Operation	ATO
2	列车自动防护			Automatic Train Protection	ATP
3	列车自动监控			Automatic Train Supervision	ATS
4	列车自动控制			Automatic Train Control	ATC
5	运营控制中心			Operation Control Center	OCC
6	车辆段调度中心			Depot Control Center	DCC
7	综合后备盘			Integrated Backup Panel	IBP
8	电力监控系统			Power Supervisory Control and Data Acquisition	PSCADA/SCADA
9	计算机联锁系统			Computer Interlocking	CI
10	火灾自动报警系统			Automatic Fire Alarm System	FAS
11	环境与设备监控系统			Building Automatic System	BAS
12	乘客信息系统			Passenger Information System	PIS
13	广播系统			Public Address System	PA
14	数据通信系统			Data Communication System	DCS
15	清分系统			Automatic Fare Ceollection Clearing Center	ACC
16	车站计算机			Station Computer	SC
17	半自动售票机			Booking Office Machine	BOM
18	自动售票机			Ticket Vending Machine	TVM
19	自动检票机			Automatic Gate Machine	AGM
20	便携式验票机			Portable Card Analyzer	PCA
21	进站闸机			Entry Gate	EnG
22	出站闸机			Exit Gate	ExG
23	双向闸机			Reversible Gate	RG
24	列车驾驶模式		自动模式	Automatic Mode	AM
25			ATP防护下人工驾驶模式	Coded Train Operating Mode	CM
26			限制人工驾驶模式	Restricted Manual Driving Mode	RM
27			非限制人工驾驶模式	No Restricted Manual Driving Mode	NRM
28			车辆段防护限制人工驾驶模式	Depot Restricted Manual Driving Mode	DRM

参 考 文 献

[1] 国家铁路局.磁浮铁路技术标准(试行):TB 10630—2019[S].北京:中国铁道出版社有限公司,2019.
[2] 中华人民共和国住房和城乡建设部.中低速磁浮交通设计规范:CJJ/T 262—2017[S].北京:中国建筑工业出版社,2017.
[3] 钱清泉,高仕斌.中低速磁浮交通发展战略研究[M].成都:西南交通大学出版社,2019.
[4] 简炼,魏达志,陈伟,等.中低速磁浮交通产业化发展和商业模式研究[M].广州:广东经济出版社,2013.
[5] 王雄.轮子上的世界[M].北京:中国铁道出版社,2015.
[6] 杨新斌.中低速磁浮交通技术[M].上海:同济大学出版社,2017.
[7] 周平,金锋.城市轨道交通概论[M].2版.北京:中国铁道出版社有限公司,2020.
[8] 蔡文锋,颜华,杨平.中低速磁浮轨道系统特点及工程适应性分析[J].铁道工程学报,2015,32(2):54-59.
[9] 欧发兵,彭密.磁浮关节型梁式道岔应用研究[J].低碳世界,2017(8):221-222.
[10] 李慧玲.城市轨道交通行车组织[M].青岛:中国石油大学出版社,2017.